CATALOGUE

DES

LIVRES

DE FEU

M. POTIER,

Ancien Avocat au Parlement,

Dont la Vente se fera le Jeudy quatre Février 1757. & jours suivans, deux heures de relevée jusqu'au soir, en sa Maison, rue Gist-le-Cœur.

Le Catalogue se trouve,

A PARIS,

Chez MOREL l'aîné, Grand'Salle du Palais, à l'Image Saint Jean.

M. DCC. LVII.

IL ne me conviendroit pas de vouloir entreprendre de faire l'Eloge de feu M. POTIER ; tout ce que je pourrois en dire ne ferviroit qu'à me rappeller la perte que j'ai fait. Qu'il me foit cependant permis de rendre le jufte tribut de reconnoiffance que je dois à fa memoire.

Il m'a honoré de fa confiance pendant fa vie, & m'en a donné des preuves jufqu'à fa mort, en me nommant par fon Teftament pour faire la vente des Livres de fa Bibliotheque.

M. POTIER ayant embraffé la Profeffion d'Avocat, s'eft adonné particulierement à la Confultation ; travail auffi pénible que délicat. Homme de Cabinet, il s'eft toujours fait un plaifir de dreffer de jeunes Eleves pour le Barreau, leur faifant part des lumieres qu'il avoit acquifes, en s'appliquant à lire & relire les Jurifconfultes anciens & modernes, qui compofent la plus grande partie de fes Livres ; fes Confreres venoient puifer dans fes Avis & dans fes Livres les Inftructions dont ils avoient befoin. Son Cabinet étoit ouvert à tout le monde, au Citoyen comme à l'Etranger.

Son efprit toujours occupé, ne prenoit de délaffement qu'à examiner fes Deffeins & Eftampes, qui lui ont procuré la connoiffance de plufieurs Perfonnes de diftinction, & des plus habiles Maîtres dans cet Art.

Peut-être n'aurai-je pas, dans l'arrangement

de ce Catalogue, répondu à l'attente du Public;
j'ai été obligé de suivre en partie l'ordre de celui
que M. Potier a fait faire pour sa propre com-
modité & son usage journalier.

L'on trouvera à la fin du Catalogue la Liste
des Numeros que l'on vendra chaque jour.

L'on distribuera le Lundy 7 Mars 1757.
le Supplément & la Liste des autres Vacations
de la Vente que l'on a été obligé d'interrompre
par rapport à celle des Desseins & Estampes,
qui recommencera sans discontinuation le
Mercredy 18 du même mois, & qui sera
indiquée par de nouvelles Affiches.

ORDRE
DES DIVISIONS
DE CE CATALOGUE.

THEOLOGIE.

JURISPRUDENCE.

DROIT CANON.

BELLES-LETTRES.

HISTOIRE.

CATALOGUE
DES LIVRES
DE FEU
M. POTIER,

Ancien Avocat au Parlement.

THEOLOGIE.

Bibles & Interpretes.

Nº. 1. **B**IBLIA Sacra, Rob. Step. Paris. 1528. *in-fol.*

2. La Sainte Bible, Lat. Fr. par M. de Sacy. Paris 1719. 4. vol. *in-fol.*

3. Commentaire litteral sur la Bible, & les Differtations, par D. Calmet. *Paris 1715. & fuiv. 26. vol. in-4°.*

4. Interpretation des Pfeaumes de David, avec le texte Latin à côté, par P. L. D. G. *Paris 1717. 2. vol. en 1. in-12.*
Idem. Double.

5. Nouveau Teftament, par le P. Amelotte. *Paris 1688. 2. vol. in-4°.*

6. Paraphrafe fur les Actes des Apôtres, par un R. Benedictin. *Paris 1738. 2 vol. in-12.*

7. Dictionnaire de la Bible du P. Calmet. *Paris 1722. 4. vol. in-fol. fig.*

8. Bible de Saurin. *La Haye 1728. & fuiv. 6. vol. in-fol. fig.*

9. Hiftoire de la Bible, par M. de Royaumont. *Bruxelles 1747. in-8°. fig.*

10. Hiftoire du Vieux & du Nouveau Teftament de M. de Sacy. *Paris 1735. in-14°. fig.*

11. Hiftoire de l'Ancien Teftament, par Luyken. *Amft. 1732. in-fol. fig.*

12. Abregé de la Sainte Bible, par D. Guerard. *Paris 1739. 2. vol. in-12.*

Liturgies & Ceremonies.

13. Tableau de la Paffion de N. S. & les actions du Prêtre à la Sainte Meffe. *Metz 1680. in-12. fig.*

14. Office de la Semaine Sainte. *Paris 1723. in-12.*

15. Office de Ste Geneviéve. *Paris 1667. in-12.*

16. Matth. Broverii de Populorum veterum

accentiorum adorationibus differtatio. *Amft.*
1713. in-12. fig.

17. Scacchi Sacrorum Elaeo-Chrifmaton My-
rothecia. *Amft. 1710. in-fol. fig.*

18. Critique de l'Hiftoire des Flagellans, par
J.-B. Thiers. *Paris 1703. in-12.*

19. Difcours Ecclefiaftiques fur la Fête du
Roy-boit, par Deslyons. *Paris 1664. in-12.*

Saints Peres.

20. Dionifii Areopagitæ Opera. *Lut. 1565.
in-fol.*

21. Origenis Opera omnia Stud. Car. de la
Rue, Ordinis Sancti Benedicti. *Parif. 1733.
3. vol. in-fol.*

22. Les Oeuvres de S. Juftin ancienne tra-
duction, *in fol.*

23. Apologetique de Tertulien, traduit par
Giry. *Paris 1684. in-12.*

24. Goffridi Epiftolæ, cum notis Sirmondi.
Parif. 1610. in-8°.

25. Canifii Thefaurus Monumentorum Ec-
clefiafticorum & Hiftoricorum. *Amft. 1725.
4. vol. in fol.*

26 Dachery Spicilegium. *Parif. 1723. 3. vol.
in-fol.*

27. Martene veterum Scriptorum & Monu-
mentorum Hift. Dog. Mor. collectio. *Parif.
1724. 9 vol. in-fol.*

28. Martene Thefaurus anecdotorum. *Parif.
1717. 5. vol. in-fol.*

29. Martene veterum Scriptorum & Monu-

mentorum Hist. Dog. Mor. collectio. *Pariſ.*
1724. 3. vol. in-fol.

Theologie Morale.

30. La Vie de Jeſus-Chriſt, par Saint-Real.
Paris 1678. in-4º.

31. Gerſen de Imitatione Chriſti. *Pariſ. 1674.*
in-12.

32. Imitation de Jeſus en vers, avec figures.
Rouen 1656. in-24.

33. L'Invocation & l'Imitation des Saints
pour tous les Jours de l'année. *Paris 1687.*
4. vol. in-16. fig.

34. Continuation des Eſſais de morale, con-
tenant des Reflexions ſur les Evangiles, par
M. Nicole. *La Haye 1696. in-12. 5. vol.*

35. Inſtructions Paſtorales de M. l'Archevêque
de Paris ſur la Perfection chretienne & la
Vie interieure. *Paris 1698. in-12.*

36. Prieres & Inſtructions chretiennes du P.
Sanadon. *Paris 1747. in-12.*

37. Direction pour la conſcience d'un Roy,
par M. de Fenelon. *La Haye 1748. in-12.*

38. Les Conſeils de la Sageſſe. *Paris 1736.*
2. vol. en un in-12.

39. Retraite ſpirituelle pour un Jour de cha-
que mois. *Lyon 1700. in-12.*

40. Inſtruction de la Jeuneſſe, par Gobinet.
Paris 1714. in-12. 2. vol.

41. Manuel des Dames de Charité. *Paris*
1655. in-12.

42. Reglement donné par une Dame de qua-

lité à fa petite-fille. *Paris* 1698. *in*-12.

43. Opufcules fur divers Sujets. *Paris* 1684. *in*-12.

44. Traité de la Reftitution des Grands, par M. le Prince de Conty. 1665. *in*-12.

45. Reflexions fur la Comedie, par M. Boffuet. *Paris* 1694. *in*-12.

46. Traité des Difpenfes du Carême, par M. Hequet. *Paris* 1709. *in*-12.

47. Les Devoirs de la Vie Monaftique, par D. Mabillon. *Paris* 1683. 2. *vol. in*-4°.

48. Eclarciffement fur les Devoirs de la Vie Monaftique, par D. Mabillon. *Paris* 1685. *in*-4°.

49. Réponfe au Traité des Etudes Monafti-ques, par M. l'Abbé de la Trappe. *Paris* 1692. *in*-4°.

50. Reflexions fur la Réponfe de M. de la Trape au Traité des Etudes, par D. Mabil-lon. *Paris* 1692. *in*-4°.

51. El Efpejo de la Muerte. *En Amberes* 1700. *in*-4°. *fig.*

Sermonaires.

52. Sermons de l'Abbé Anfelme. *Paris* 1731. *in*-12. 6. *vol.*

53. Sermons du P. Cheminais. *Paris* 1730. *in*-12. 5. *vol.*

54. Sermons prechés à l'ouverture du Clergé, par M. Boffuet. *Paris* 1682. *in*-4°.

55. Sermons du P. Bourdaloue, l'Avent, le Carême, Myfteres & Panegyriques. *Lyon* 1711. *in*-12. 8. *vol.*

56. Sermons de M. Maffillon. *Paris* 1745. *in*-12. 6. *vol.*

57. Oraifons funebres des Dauphins de France & de la Dauphine, par Mrs Dallet, Gayard & Larue. *Amft.* 1713. *in*-12.

58. Panegiriques des Saints, par M. l'Abbé Seguy. *Paris* 1736. *in*-12. 2. *vol.*

59. Panegiriques & autres Sermons, par M. Flechier. *Lyon* 1718. *in*-12. 3. *vol.*

60. Lettres de M. Flechier. *La Haye* 1712. *in*-12.

Oeuvres Theologiques.

61. Petavii Theologia. *Antuerpiæ.* 1700. 6. *vol.* *in-fol.*

62. Differtations fur Sainte Marie - Magdelaine, par le fieur Anquetin. *Rouen* 1699. *in*-12.

63. Differtations Phyfico-Theologiques fur la Conception de la Vierge. *Amft.* 1742. *in*-12.

64. Arcadius de Concordia Ecclefiæ Occidentalis & Orientalis. *Parif.* 1672. *in*-4°.

65. Doctrina de Adminiftrando Sacramento Pœnitentiæ. *Rothomagi* 1704. *in*-8°.

66. Inftruction fur les difpofitions que l'on doit apporter aux Sacremens de Penitence & d'Euchariftie. *Paris* 1734. *in*-12.

67. Arrêts & autres Pieces concernant la Conftitution. *Paris* 1713. *in*-4°.

68. Mandemens de M. l'Archevêque de Paris fur les Miracles. *Paris* 1731. *in*-4°.

69. Relations des Actes & Déliberations, par M. l'Archevêque de Cambray. *Paris* 1700. *in-4°.*

70. Mandemens & Inftructions Paftorales de M^{rs}. de Cambray, de Biffy & autres, au fujet de la Confultation de M^{rs} les Avocats. *Paris* 1730. *& fuiv. in-4°.*

71. Lettres de Dom Thuillier contre l'Appel. *Paris* 1729. *in-12.*

72. Lettres contre l'Appel. *Paris* 1727. *in-12.*

73. Recueil de differentes Pieces concernant la Conftitution commençant par *Veritas & Æquitas Conftitutionis Unigenitus. Gandavi* 1730. *in-12.*

74. Hiftoire de la Conftitution, par le P. Lafiteau. *Liege* 1738. *in-12. 3. vol.*

75. Receuil de differentes Pieces pour & contre le Clergé. *Paris* 1750. 14. *vol. in-12.*

76. J-B. Thiers de Feftorum Dierum Imminutione Liber. *Lugduni* 1668. *in-12.*

77. L'Avocat des Pauvres, par J-B. Thiers. *Paris* 1676. *in 12.*

78. Traité de l'Expofition du S. Sacrement, par J-B. Thiers. *Paris* 1677. *in-12. 2. vol.*

79. Traité des Superftitions, par J-B. Thiers. *Paris* 1679. *in-12. 4. vol.*

80. Differtation fur les Porches des Eglifes, par J-B. Thiers. *Orleans* 1679. *in-12.*

81. J-B. Thiers Traité de la Clôture des Religieufes. *Paris* 1681. *in-12.*

82. Traité de la Dépouille des Curés, par J-B. Thiers. *Paris* 1683. *in-12.*

83. Traité des Jeux & des Divertiffemens

J-B. Thiers. *Paris* 1696. *in*-12.

84. J-B. Thiers Diſſertations Eccleſiaſtiques ſur les Autels, Jubés & Clôtures du Chœur des Egliſes. *Paris* 1688. *in*-12.

85. Hiſtoire des Perruques, par J-B. Thiers. *Paris* 1690. *in*-12.

86. Traité de l'Abſolution de l'Hereſie, par J-B. Thiers. *Paris* 1695. *in*-12.

87. Diſſertations ſur le lieu où repoſe le Corps de S. Firmin, par J-B. Thiers. *Liege* 1699. *in*-12.

88. De la plus ſolide, la plus néceſſaire & ſouvent la plus négligée de toutes les devotions, par J-B. Thiers. *Paris* 1702. *in*-12. 2. *vol.*

Polemiques.

89. La Perpetuité de la Foi, par M. Arnault. *Paris* 1713. *& ſuiv. in*-4°. 5. *vol.*

90. Défenſes de la perpetuité de la Foy contre le Livre des Monumens de la Religion des Grecs. *Paris* 1709. *in*-8°.

91. Conferences avec M. Claude ſur les matieres de l'Egliſe, par M. Boſſuet.
= Sermons ſur l'Unité de l'Egliſe, par le même. *Paris* 1727. *in*-12.

92. Expoſition de la Doctrine de l'Egliſe Catholique, par M. Boſſuet. *Paris* 1686. *in*-12.

93. Les artifices des Heretiques. *Paris* 1726. *in*-12.

94. La Converſion de l'Angleterre, par le P. Niceron. *Paris* 1729. *in*-8°.

95. Diſſertations ſur la validité des Ordinations des

des Anglois, par Fennell. *Paris* 1726 *in*-8°.

96 Penſées de M. Paſcal ſur la Religion. *Par.*
1671. *in* 12.

97 Principes de Religion, ou Préſervatif con-
tre l'Incrédulité. *Par.* 1751. *in* 12.

98 Queſtions diverſes ſur l'Incrédulité. *Par.*
1751. *in* 12.

99 Les Témoins de la Réſurrection de J. C.
par A. le Moyne. *Par.* 1653. *in* 12.

100 Traité de la Vérité de la Religion Chré-
tienne par Abbadie. *Roterd.* 1692. 4 *vol. in*-
12.

101 La Religion Chrétienne prouvée par les
faits, par M. l'Abbé Houtteville. *Par.* 1740.
3 *vol. in* 4.

Héterodoxes & Oeuvres ſingulieres.

102 Confuſius Sinarum Philoſophus. *Par.* 1687.
in fol.

103 Diſſertation ſur les Temples, leur Dédi-
cace, avec un Sermon par Benedict Pictet.
Geneve. 1716. *in* 12.

104 L'Alcoran de Mahomet, traduit par du
Ryer. *Amſt.* 1734. 2 *vol. in* 12.

105 Traité des Cérémonies ſuperſtitieuſes des
Juifs de Spinoſa. *Amſt.* 1678. *in* 12.

JURISPRUDENCE.

DROIT CANON.

Canonistes Anciens & Modernes.

106 **B**ALUZII Collectio Conciliorum, *Parisiis*, 1683. *in-fol.*

107 Concilium Tridentinum cum Declarationibus, *Lugd.* 1643. *in-8.*

108 Le Concile de Trente, traduit par l'Abbé Chanut. *Par.* 1686. *in-12.*

109 Corpus Juris Canonici cum Glossis. *Lugd.* 1671. 3 *vol. in-fol.*

110 Daoyz Index Juris Pontificii. *Burdig.* 1624. *in-fol.*

111 Corpus Juris Canonici cum notis Pithœi. *Par.* 1687. 2 *vol. in fol.*

112 Corpus Juris Canonici autore P. Gibert. *Lugd.* 1737. 3 *vol. in fol.*

113 Zoezii Commentaria in jus Canonicum universum. *Coll. Agrip.* 1691. *in 4.*

114 Andreæ Vallensis Paratitla in Decretales. *Lovanii.* 1682. *in 4.*

115 Justelli Bibliotheca Juris Canonici. *Par.* 1671. 2 *vol. in fol.*

Droit Ecclefiaftique de France.

116 Les Loix Ecclefiaftiques de M. de Hericourt. *Par.* 1743. *in fol.*

117 Hiftoire du Droit Canonique & du Gouvernement de l'Eglife par Brunet. *Par.* 1720. *in* 12.

118 Les Regles du Droit Canon par Dantoine. *Lyon.* 1720. *in* 4.

119 Juris Canonici Thoria & Praxis, autore Cabaffutio, cum notis D. Gibert. *Piftavii.* 1738. *in fol.*

120 Canifii Summa Juris Canonici, & de Regulis Juris. *Ingolftadii.* 1600. *in* 4.

121 Pet. Æradius in Decretales & de origine & autoritate Rerum Judicatarum. *Par.* 1573 *in* 8.

122 De Ferriere Paratitla in Jus Canonicum. *Par.* 1711. *in* 12.

123 Melchioris Paftoris Opera omnia. *Tholofæ.* 1712. *in fol.*

124 Zipæi Opera omnia Canonica. *Antuerpiæ.* 1675. *2 vol. en un. in fol.*

125 Van-Efpen Opera omnia Ecclefiaftica. *Lovanii,* 1753. *4 vol. in fol.*

126 Arrêts notables fur toutes fortes de Matieres Beneficiales, par Tournet. *Par.* 1631. *in fol. 2 vol. en un.*

127 Recueil des Matieres Beneficiales par Caftel. *Par.* 1689. *2 vol. in fol.*

1 8 Traité des Matieres Beneficiales par M. Fuet. *Par.* 1723. *in* 4.

129 Recueil des principales Décisions sur les Matieres Beneficiales. *Par.* 1729. *in* 12.

Discipline Ecclesiastique & Monastique.

130 La Discipline de l'Eglise par le P. Thomassin. *Par.* 1679. *& suiv. 3 vol. in fol.*

131 Ancienne & nouvelle Discipline de l'Eglise par le P. Thomassin. *Par.* 1720. *in* 4.

132 La Conduite Canonique de l'Eglise pour la Reception des Filles dans les Monasteres par Godefroy. *Par.* 1668. *in* 12.

133 Werbec de Consistoriis & Jure patronatûs. *Arnstodiæ.* 1647. *in* 12.

134 Traité des Curés Primitifs par Furgol. *Toulouse.* 1736. *in* 4.

135 Recueil des Décisions sur les obligations des Chanoines. *Noyon.* 1751. *in* 12.

136 Vetus Disciplina Monastica. *Parif.* 1726. *in* 4.

137 Dissertations Canoniques sur le Vice de la Proprieté des Religieux, par Van-Espen. *Louvain.* 1688. *in* 8.

138 Lettres de M. Gerbais à un Benedictin, touchant le Pécule des Religieux. *Paris.* 1698. *broché. in* 12.

139 Commentarius in Regulam Sancti Benedicti Stud. Edmundi Martene. *Par.* 1690. *in* 4.

140 L Regle de S. Benoît. *in* 24.

141 Privilegia Ord. Cistercisensis. *Par.* 1666. *in* 4.

142 Tamburinus de Jure Abbatum & aliorum

Prælatorum. *Lugd.* 1640. *3 vol. in fol.*

143 Tamburinus de Jure Abbatiffarum & Monialium. *Romæ.* 1638. *in fol.*

144 Memoires de Clugny. *Paris.* 1706. *in fol.*

145 Examen du Privilege de S. Germain des Prés, contre l'Archevêque de Paris. *in 4.*

146 Droit de l'Abbé de Sainte Geneviéve de révoquer fes Religieux Beneficiaires. *in fol.*

147 L'Abbé Titulaire, ou le jufte pouvoir des Abbés Titulaires ou Reguliers. 1678. *in 12.*

148 L'Abbé Regulier facré Evêque par le P. Marion. *Luxembourg.* 1639. *in 4. br.*

149 Recueil general des Abbayes de France par Dom Bannier. *Par.* 1726. *2 vol. in 4.*

150 Memoire concernant l'Exemption de l'Eglife de Tours. *Par.* 1697. *in fol.*

151 Memoire pour M. l'Evêque de Soiffons, contre les Dames du Val-de-Grace, & Memoire des Dames du Val-de-Grace contre M. de Soiffons. *in fol.*

152 Privilegia nominationum Lovanienfium autore de Smet. *Gandavii.* 1665. *in 4.*

153 Privilegia Academiæ Lovanienfi conceffa. *Lovanii.* 2 *vol. in 4. br.*

154 Hiftoire du Droit Public, Ecclefiaftique François, par M. Brunet. *Londres* (*Paris*) 1749. 2. *vol. in* 12.

155 L'Etat préfent de la France Ecclefiaftique. *Par.* 1736. *br. in* 12.

156 Traité des Droits Honorifiques par Duperay. *Par.* 172_ *n* 2.

157 Traité des Droits Honoriques par Marefchal, avec les Obfervations de Simon & Danty. *Par.* 1735. *2 vol. in* 12.

158 Tractatus Varii de Jure Patronatûs. *Francofurti.* 1609. *2 vol.* 8.

159 Traité des Droits de Patronage par Corbin. *Par.* 1622. *2 vol. in* 8.

160 Francifcus de Roye de Jure Patronatûs & de Juribus Honorificiis in Ecclefia. *Andegavi.* 1667. *in* 4.

161 Traité du Droit de Patronage par Simon. *Par.* 1686. *in* 12.

162 Traité des Droits de Patronage par de Ferriere. *Par.* 1686. *in* 4.

163 Obfervations fur le Droit des Patrons & des Seigneurs de Paroiffes, par Guyot. *Par.* 1751. *in* 4.

164 Ruzæi Tractatus Juris Regaliæ. *Par.* 1561. *in* 8.

165 Regneri Sixtini Tractatus de Regalibus. *Hannoviæ.* 1657. *in* 8.

166 Traité des Regales par Pinfon. *Par.* 1688. *2 vol. in* 4.

167 De la Regale par Aubery. *Paris.* 1678. *in* 4.

168 Traité de la Regale par M. l'Evêque de Pamiers. 1681. *in* 4.

169 Traité de l'Indult du Parlement de Paris, M. Cochet de S. Valier. *Par.* 1747. *3 vol. in* 4.

170 Marta de Jurifdictione Ecclefiaftica. *Genev.* 1620. *in fol.*

171 De la Jurifdiction de l'Eglife au Royaume

de France, par A. B. C. H. A. D. R. 1635.
in 4.

172 D'Artis de Suburbicariis Regionibus &
Ecclefiis. *Par.* 1620. *in* 8.

173 De Urbicariis & Suburbicariis Regioni-
bus & Ecclefiis, adverfus Joannem Arte-
fium. Argentorati. 1620. *in* 8.

174 Sancti Ludovici Pragmatica-Sanctio. *Par.*
1663. *in* 4.

175 Queftions fur le Concordat par Duperray.
Par. 1723. 2 *vol. in* 12.

Puiffance Royale & Libertés de l'Eglife Gallicane.

176 De Marca de Concordia Sacerdotii &
Imperii. *Par.* 1704. *in fol.*

177 De la Puiffance Royale fur la Police de
l'Eglife. *Par.* 1625. *in* 8.

178 Traité de l'Autorité des Rois dans l'Ad-
miniftration de l'Eglife, par M. le Vayer de
Boutigny. *Londres.* 1753. *in* 12.

179 Traité de l'Abus par Fevret, avec les
Notes de M. Brunet. *Lyon.* 1736. 2 *vol in-
fol.*

180 Traités des deux Puiffances, ou Maxi-
mes fur l'Abus, par M. l'Abbé de Foy. *Par.*
1752. *in* 12.

181 Jac. Sirmundus de Suburbicariis Regioni-
bus & Ecclefiis. *Par.* 1620. *in* 8.

182 Jus Belgarum circa Pontificiarum Bullarum
Receptionem. *Leodii.* 1645. *in* 12.

183 Tractatus de Promulgatione Legum Ecclesiasticarum, autore Van-Espen. *Bruxellis.* 1712. *in* 4.

184 Les Pouvoirs légitimes du premier & du second Ordre. *Par.* 1644. *in* 4.

185 Joan. Gerbais, Dissertatio de Caufis Majoribus. *Parifiis.* 1679. *in* 4.

186 Traité du Pouvoir de l'Eglife & des Princes fur les empêchemens du Mariage, par M. Gerbais. *Par.* 1698. *in* 4.

187 Memoire du Clergé par le Merre, tom. 10e. *Par.* 1722. *in fol.*

188 Abrégé des Memoires du **Clergé.** *Par.* 1752. *in fol.*

189 Procès-Verbaux & Rapports du Clergé des années 1680, 1705, 1707, 1713, 1714. Rap. de 1705, 1715 : *Par.* 1684 & fuiv. 5. *vol. in fol.*

190 Contre le Clergé, pour l'Ordre de Malthe. 1751. *in* 4.

Traité des Matieres Ecclefiaftiques & des Benefices.

191 Bochelli Decreta Ecclefiæ Gallicanæ. *Par.* 1609. *in fol.*

192 Libertés & Preuves de l'Eglife Gallicane. *Par.* 1731. 4 *vol. in fol.*

193 Maximes & Libertés de l'Eglife Gallicane, avec le Difcours de M. l'Abbé Fleury fur la même Matiere. *La Haye.* 1755. *in* 12.

194 Defenfio Declarationis Cleri Gallicani ; Ant.

Aut. Jac. Benig. Boſſuet. *Luxemburgi.* 1730.
2 vol. in 4. *en un.*

195 Notes & Obſervations ſur l'Edit de 1695,
par du Perray. *Par.* 1723. 2 *vol. in* 12.

196 Catalogue des Archevêchés, Evêchés,
Abbayes & Prieurés, *Par.* 1734. *broché.*
in 8.

197 Traité des Benefices de Frapaolo, avec
les Notes de M. de la Houſſaye. *Amſterd.*
1687. *in* 12.

198 Notæ Caroli Molineæi Georg. Louet, &c.
Circa Rem Beneficiariam. *Par.* 1723. *in*
12.

199 Traité des Moyens Canoniques pour ac-
quérir & conſerver les Benefices, par du
Perray. *Par.* 1726. 4. *vol. in* 12.

200 Gigas De Penſionibus Eccleſiaſticis. Lugd.
1545. *in* 8.

201 Gigas De Penſionibus Eccleſiaſticis. *Col.*
Agrip. 1619. *in-*8.

202 Bins Feldius de Simonia. *Auguſt. Trevir.*
1605. *in* 8.

203 Traité des Dixmes par Duperray. *Par.*
1724. 2 *vol. in* 12.

204 Traité des Dixmes par le Merre. *Par.*
1731. 2 *vol. in* 12.

205 Recueil des principales Déciſions ſur les
Dixmes, par Brunet. *Par.* 1741. 2 *vol. in.* 12.

206 Des Perſonnes, Choſes Eccleſiaſtiques &
Décimales, par Forget. *Rouen.* 1625. *in*
8.

207 Traité des Portions Congrues par Duper-
ray. *Par.* 1720. 2 *vol. in* 12.

208 Traité sur le Partage des Fruits des Bene-
    fices, par Duperray. *Par.* 1722. *in* 12.
209 Practica Criminalis Canonica. Aut. Dias
    de Luco. *Venetiis.* 1614. *in* 4.
210 Traité des Monitoires par Rouault. *Par.*
    1740. *in* 12.
211 Staphylæus de Litteris Gratiæ. *Par.* 1557.
    in 8.
212 Traité des Dispenses de Mariage par Du-
    perray. *Par.* 1730. *in* 12.
213 Plaidoyer de Jacques Corbin, au sujet de
    la Benediction Nuptiale. *Par.* 1630. *in* 8.
214 Amydenius de Stilo Datariæ. *Venetiis.*
    1654. *in fol.*
215 Traité de l'Usage & Pratique de la Cour
    de Rome par Castel, revûe par Noyer. *Par.*
    1717. 2 *vol. in* 12.
216 Le Parfait Notaire Apostolique par Bru-
    net. *Par.* 1730. 2 *vol. in* 4.
217 Recueil des Consultations des Avocats du
    Parlement, au sujet de l'Affaire du sieur
    Bardon. 1740. *in* 4.
218 Requête au Roy pour Messire Colbert Ar-
    chevêque de Rouen, contre l'Archevêque
    de Lyon. *in fol.*

DROIT PUBLIC,

& des Gens.

219 PRincipes du Droit naturel par Burla-
    maqui. *Geneve.* 1748. 2 *vol. in* 12.
220 Le Droit de la Nature & des Gens de

Puffendorf, traduit par Barbeyrac. *Londres.*
1740 3 *vol. in* 4.

221 Grotius de Jure Belli ac Pacis. *Amft.* 1680.
in 8.

222 Grotius de Mari libero. *Lugd. Bat.* 1633.
in 12.

223 Seldeni Mare Claufum feu de Dominio
Maris. *Londini.* 1636. *in* 12.

224 Alberti Gentilis Quæftiones Maritimæ fe-
cundum Jus Gentium. *Amft.* 1661. *in* 12.

225 Le Droit de la Guerre & de la Paix par
Grotius, traduit par Barbeyrac. *Amft.* 1729.
2 *vol. in* 4.

226 Codex Juris Gentium Diplomaticus, Ed.
Leybnitio. *Hannoveræ.* 1693. *in fol.*

227 Coccei Juris Publici prudentia. *Francof.*
1613. *in* 8.

228 Beckers Sinopfis Juris Publici. *Coloniæ.*
1654. *in* 8.

229 Le Droit Public de l'Europe. *La Haye.*
1746. 2 *vol. in* 12.

230 Effais fur les Principes du Droit & de la
Morale, par M. Daube. *Par.* 1743. *in* 4.

231 Les Interêts des Puiffances de l'Europe
par Rouffet. *La Haye.* 1734. 17 *vol. in* 12.

232 Memoires fur le Rang & la Préféance en-
tre les Souverains de l'Europe, par Rouf-
fet. *Amft.* 1746. *in* 4.

233 De la Maniere de négocier avec les Sou-
verains, par M. de Callieres. *Londres.* (*Paris.*)
1750. 2 *vol. in* 12.

234 Cancellaria Hifpanica adjecta funt acta
Publica. *Freiftadii.* 1622. *in* 4.

235 Traité des Droits de la Reine sur divers Etats de la Monarchie d'Espagne. *Par.* 1667. *in-*4.

236 Alberici Gentilis Hispanicæ advocationis Libri duo. *Hannoviæ,* 1613. *in-*4.

237 Le Ministre Public dans les Cours Etrangeres, par Dufranquenet. *Amst.* 1631. *in-*12.

238 Le Parfait Ambassadeur d'Ant. de Vera & de Cunniga. *Leyde.* 1709. 2. *vol. in* 12.

239 Memoire touchant les Ambassadeurs. *Cologne.* 1677. *in-*12.

240 L'Ambassadeur & ses fonctions, par de Wicquefort, *Cologne* 1690. 2. *vol. in-*4.

241 Traité du Juge Competent des Ambassadeurs par Barbeyrac. *La Haye* 1723. *in-*12.

242 Corps Universel Diplomatique du Droit des Gens par Dumont. *Amst.* 1726. *& suiv.* 13 *vol. in-fol.*

243 { Recueil des Traités de Paix,
      { Privilege des Suisses. 1746.
                    Paris 1693. 9 *vol. in-*4.

244 Négociations secretes touchant la Paix de Munster & d'Osnabruck. *La Haye.* 1725. 4. *vol. in-fol.*

245 Histoire des Traité de Paix du 17e siécle, depuis la Paix de Vervins jusqu'à celle de Nimégue. *Amst.* 1725. 2 *vol. in-fol.*

246 Recueil des principaux Traités de Paix faits pendant le 17e siécle. *Luxemb.* 1703. *in-*12.

247 Traités de Paix entre la France & les Princes Etrangers, *Amst.* 1664. *in-*12.

248 Memoire & Négociations de la France touchant la Paix de Munſter. *Amſt.* 1710. 2 *vol. in* 12.

249 Aĉtes & Memoires des Négociations de la Paix de Nimégue. *Amſt.* 1680. *6 vol. in*- 12.

250 Aĉtes & Memoires des Négociations de la Paix de Riſwick. *La Haye.* 1707. *5 vol. in*- 12.

251 Memoire de M. *** pour ſervir à l'Hiſtoire des Négociations, depuis la Paix de Riſwick juſqu'à celle d'Utrecht. *La Haye.* 1756. *3 vol. in* 12.

252 Aĉtes & Memoires de la Paix d'Utrecht. *Utrecht.* 1714. *7 vol. in* 12.

253 Recueil hiſtorique d'Aĉtes, Négociations, &c. depuis la Paix d'Utrecht juſqu'au ſecond Congrès de Cambray, par Rouſſet. *La Haye.* 1728. *4 vol. in* 12.

254 Rymeri Fœdera & Conventionus, &c. *Hag. Com.* 1739. 10 *vol. in fol.*

255 Négociations de Paix de Meſſieurs les Eleĉteurs de Mayence & de Cologne, entre Meſſieurs de Grammont & de Lionne en 1658. *Paris.* 1658. *in* 4.

256 Conradus Lancellottus de Jure Publico perſonarum. *Francof.* 1608. *in* 4.

257 Philipp. Burgoldenſis Diſcurſus ad Inſtrumentum Pacis Oſnabrugo Monaſterienſis. *Freiſtadi.* 1669. 2 *vol. in* 4.

258 Theatrum Pacis ab anno 1647. ad 1660. *Luxembergæ.* 1663. *in* 4.

259 Leonis Abaitzema Hiſtoria Pacis. *Lugd. Bat.* 1654. *in* 4.

260 Memoire contenant le précis des Faits, avec leurs pieces juftificatives. *Londres*. 1756. *in* 12.

261 Recueil de Pieces, contenant en partie Requêtes de S. M. I. aux Etats Generaux. 1716. & 1717. *in* 4.

262 Conduite des François par rapport à la Nouvelle Ecoffe, trad. de l'Anglois. — Hiftoire Geog. de la Nouvelle Ecoffe. *Londres*. 1755. *in* 12.

263 Memoires des Commiffaires du Roi, & de ceux de Sa Majefté Britanique, fur les Limites de l'Acadie. *Paris*. 1755. 2 *vol. in* 4.

DROIT ROMAIN.

1 264 S Am. Petiti Leges Atticæ. *Parif.* 1635. *in-fol.*

265 Bazilicon Juris Annibalis Fabrotti. *Par.* 1647. 7 *vol. in-fol.*

266 Codex Theodofianus cum notis Jacobi Gothofredi. *Lugd.* 1665. 6. *vol. en* 3. *in-fol.*

1. 267 Gravina de Origine Juris Civilis. *Neapol.* 1622. *in* 4.

2668 Corpus Juris Civilis cum notis Accurfii. *Lugd.* 1627 6 *vol. in-fol.*

269 Corpus Juris Civilis cum notis Charondæ & Contii. *Antuerpiæ.* 1575. 2 *vol. in fol.*

270 Corpus Juris Civilis cum notis Dionifii Gothofredi. *Par. Vitray.* 1628. 2 *vol. in-fol.*

271 Corpus Juris Civilis. *Amſt. Elʒevir* 1664.
2 *vol. in* 8.

272 Pandeâæ Juſtinianæ Aut. Potier. *Pariſ.*
1678. 3. *vol. in fol.*

273 Joannis Borcholten Commentaria in In-
ſtituta. Lugd. 1679. *in-*4.

274 Arnoldi Vinnii Commentaria in Inſtituta.
Amſt. 1665. *in-*4.

275 Arnol. Vinnii Juriſprudentiaͤ o nana. *Amſt*
1664. *in* 8.

276 Arnol. Vinnii Quæſtiones Juris feleâæ.
Lugd. Bat. 1653. *in* 12.

277 Arnol. Vinnius ae Paâis. *Lugd. Bat.* 1646.
*in-*12.

278 Arnol. Vinnii Partitiones Juris Civilis.
Lugd. Bat. 1647. 2 *vol. in-*4.

279 Janus Acoſta in Inſtituta. *Pariſ.* 1659.
*in-*4.

280 Pauli Vouet Commentaria in Inſtituta.
Gorichemi 1668. *in* 4.

281 Les Inſtituts de Juſtinien par de Ferriere.
Paris. 1692. 2 *vol. in-*12.

282 Inſtituta Juſtiniani ad uſum Collegiorum.
Pariſ. 1696. *in-*24.

283 Vinnii Inſtituta cum notis Muguet. 1698.
*in-*12.

284 Perezii in Inſtituta Juſtiniani. Idem *Piâa-*
vii. 1637. *Amſt.* 1669. 2 *vol. in-*12.

285 Jul. Pacius in Inſtituta, Digeſta, Codi-
cem & Decretales. *Trajeâi* 1652. *in-*8.

286 Matthæi Notæ in Inſtituta. *Amſt.* 1657.
*in-*12.

287 Tuldeni Commentaria in quatuor Libros

Inſtitutionum. *Lovanii.* 1702. 4 *vol. in-fol.*

288 Merellii Sinopſis Inſtitutionum. *Aureliæ.* 1677. *in-12.*

289 Hoppii Examen Inſtitutionum. *Francof.* 1696. *in-12.*

290 Inſtituta Juſtiniani. *Amſt.* 1676. *in-24.*

291 Inſtitutiones Juris Romani & Gallici autore de Ferriere. *Pariſ.* 1676. *in-12.*

292 Colombet Paratitla in Digeſta. *Pariſ.* 1682. *in-12.*

293 De Ferriere Paratitla in 50. Libros Digeſtorum. *Pariſ.* 1726. 2 *vol. in-12.*

294 Compendium Hiſtoriæ Civilis ſæculi XVII. *Wraltiſlaviæ.* 1709. *in-12.*

295 Hiſtoire du Droit Romain par de Ferriere. *Paris.* 1726. *in-12.*

296 Prodromus Juſtinianus auth. Ant. Payeno. *Pariſ.* 1665. *in-12.*

297 Index Legum Pandeċtarum, per Jac. Labittum. *Lugd. Bat.* 1674. *in-8.*

298 Collatio Legum Codicis. *Pariſ.* 1588. *in-8.*

299 Nicol. de Paſceribus Conciliatio Legum. *Coloniæ.* 1618. *in-8.*

300 Hug. Grotii Florum Spartium ad Jus Juſtinianeum. *Amſt.* 1643. *in-8.*

301 Jul. Pacii Conciliatio Legum. *Hannoviæ.* 1610. *in-8.*

302 Papillonii Commentaria in quatuor Priores Titulos Digeſti. *Pariſ.* 1624. *in-8.*

303 Franc. Baconius de Juſtitia Univerſali, ſive de Fontibus Juris. *Pariſ.* 1752. *in-12.*

304 Jacob.

304 Jacob. Gothofredi Manuale Juris. Genevæ. 1676. in 12.

305 Initia & Progreffus Juris Civilis. *Francof.* 1607. in 12.

306 Regulæ & Principia utriufque Juris. Ant. Dubois. *Lovanii.* 1684, in 8.

307 Methodus Vigelii. *Coloniæ.* 1630. in 8.

308 Arthurus Duck de Authoritate Juris Civilis Romanorum. *Lipfiæ.* 1676. in 12.

309 De l'Autorité du Droit Civil. trad. d'Arthurus Duck. *Paris.* 1689. in 12.

310 { Philipp. Decius de Regulis Juris. / , Muxellanus in Regulas Juris Pontificii. *Lugd.* 1578. in 8.

311 Jofeph. Averanii Interpretationes Juris. *Lugd. Bat.* 1716. in 12.

312 Fregii Paratitla in Pandectas. *Bazil.* 1683. in 8.

313 Menagii Amænitates Juris Civilis. *Parif.* 1677. in 8.

314 De Legibus Hebræorum Forenfibus Liber per Conftant. ab Opwyek. *Lugd. Bat.* 1637. in 4.

315 Harmenopuli Promptuarium Juris Græc. & Lat. *Genevæ.* 1587. in 4.

316 Abrégé de la Jurifprudence Romaine par Collombet. *Paris.* 1682. in 4.

317 Jacob. Gothofredus in Pandectas. *Genevæ.* 1652. in 4.

318 Arnol. Corvinus in Codicem. *Amft.* 1655. in 4.

319 Ant. Perezius in Codicem. *Amft.* 1671. 2 *vol. in* 4.

D

320 Schultengii Jurifprudentia vetus. *Lugd. Bat.* 1717. *in* 4.

321 Avorburg Encyclopædia Juris. *Francof.* 1640. *in* 4.

322 Philipp. Lud. Authæi Breviarum Juris Civilis. *Francf.* 1677. in-12.

323 Joan. Voet Compendium Juris *Lovanii.* 1736. *in* 12.

324 Schutz Compendium Juris. *Francof.* 1679. *in*-12.

325 Arnol. Corvini Elementa Juris Civilis, ejufdem Inftituta. *Amft.* 1645. 2 *vol. in*-12.

326 Arnol Corvinus in Digefta, ejufdem Jurifprudentia Romana. *Amft.* 1664. 2 *vol. in*-12.

327 De Toullieu Differtationes Juridicæ. *Trajeßi.* 1606. *in* 8.

328 Julii Abeyma Commentaria in Varios Titulos Juris. *Leovard.* 1646. *in* 4.

329 De Pafferibus de Verbis enuntiativis. *Francof.* 1686. *in* 4.

330 Guiel. Mafii Singulares opiniones in Jure Civili. *Lovanii.* 1641. *in* 4.

331 Donnelli Opufcula Pofthuma. *Hannoviæ.* 1604. *in*-8.

332 Bart. Chefii Interpretationes Juris. *Liburni.* 1657. *in-fol.*

333 Abeyben Scriptaquæ de Jure Civili Privato. *Argentora.* 1608. *in fol.*

334 Patavinus de Scriptura Privata. *Vetet.* 1639. *in fol.*

335 Fachinei Controverfiæ Juris. *Lugd.* 1623. *in fol.*

336 Spiegelii Lexicon Juris. *Bazilæ.* 1549. *in fol.*

337 Verrutii Lexicon Juris. *Parf.* 1574. *in-fol.*

338 Brederodii Repertorium Juris. *Franc.* 1587. *in fol.*

339 Briffonius de Verborum fignificatione. *Parif.* 1596. *in-fol.*

340 Calvini Lexicon Juris. *Genevæ.* 1640. *in-fol.*

341 Antonii Thefaurus Juris *Genevæ.* 1656. *in fol.*

342 Maulii Thefaurus Juris. *Mogun.* 1666. *in fol.*

343 Lipenii Bibliotheca Juridica. *Franc.* 1679. *in fol.*

344 Mart. Lipenii Bibliotheca Realis Juridica. *Francof.* 1679. *in fol.*

345 Thefaurus Juris Romani. *Lugd. Bat.* 1725. 5 *vol. in-fol.*

346 Jacobi Gothofredi Opera Juridica. *Lugd. Bat.* 1733. *in fol.*

347 Jac. Cujacii Opera omnia cum notis Fabroti. *Parif.* 1658. 10 *vol. in fol.*

348 Ant. Fabri Opera omnia. *Lugd.* 1663. & *fuiv.* 10 *vol. maroq. r. fol.*

349 Borgiæ Inveftigationes Juris Civilis contra Ant. Fabrum. *Neapoli.* 1678. 2. *vol. mar. r. fol.*

350 Ant. Mornacii Opera omnia cum notis Pinfonii. *Parif.* 1654. 4 *vol. in fol.*

351 Donelli Commentaria in Jus Civile. *Franc.* 1626. & *Lugd.* 1619. 2 *vol. in fol.*

352 Brunemannus in Pandectas & in Codĭcem. *Francof.* 1692. 4 *vol. in fol.*

353 Joan. Voet Commentarius ad Pandectas. *Agæ Committ.* 1726. 2 *vol. in fol.*

354 Quæstiones Heraldi Quotidianæ cum notis Salmasii. *Parif.* 1650. *in fol.*

355 Speckhan Opera omnia Jur. Polit. Hist. Med. *Franc.* 1695. *in fol.*

356 Ant. Gomefii Opera omnia. *Lugd.* 1661. *in fol.*

357 Didaci Covarruvias Opera omnia *Genevæ.* 1679. 2 *vol. in fol.*

358 Rebuffi Opera omnia. *Lugd.* 1586. 6 *vol. in fol.*

359 Joannis Corasii Opera omnia. *Vvitterbergæ.* 1603. 2 *vol. in fol.*

360 Petri Peckii Opera omnia. *Antuerpiæ.* 1666. *in fol.*

361 Damhouderi Opera omnia. *Antuerpiæ.* 1646. *in fol.*

362 Petri Gudelini Opera omnia. *Antuerpiæ.* 1635. *in fol.*

363 Philiberti Bugnyon Tractatus de Legibus abbrogatis. *Bruxellis.* 1701. *in fol.*

364 Zoannetti Res Quotidianæ. *Ing.* 1549.

365 { Pr. Corneus in Codicem Baldus de Feudis. *Lugd.* 1535. & 1545. *in fol.*

366 Consilia Baldi. *Ven.* 1609. 2 *vol. in fol.*

367 Philippi Decii Consilia cum notis Gravarii. *Venetiis.* 1708. *in fol.*

368 Alexandri Consilia *Franc.* 1575. 2 *vol. in fol.*

369 Georg. Everardi. Consilia aug. vindelic. 1618. 2 *vol. en un in fol.*

370 Confilia pro Ærario. *Francof.* 1641. *in-fol.*

ORDONNANCES.

371 L Indenbrogii Codex Legum Antiqua-
rum. *Francof.* 1613. *in fol.*

372 Leges Suecorum & Gottorum , per Ra-
gualdum. *Stocolmiæ.* 1614. *in* 4.

373 Wendelini Leges Salicæ. *Anterpiæ.* 1649.
in fol.

374 Marculfi Formulæ veteres cum notis Bi-
gnonii. *Parif.* 1666. *in-*4.

375 Capitularia Regum Francorum cum no-
tis Baluzii. *Parif.* 1677. 2. *vol. in-fol.*

375 Ordonnances de Fontanon. *Paris.* 1611.
3 *vol. in fol.*

377 Table chronologique des Ordonnances ,
Depuis Hugues Capet jufqu'en 1400. *Par.*
1706. *in* 4.

378 Ordonnanees des Rois de Frances par M^rs
de Lorriere & Secouffc. *Par.* 1723. *& fuiv.*
9 *vol. in fol.*

379 Abrégé de la Conference des Ordonnan-
ces par Nau. *Paris.* 1664. *in* 4,

380 La Conference des Ordonnances par
Guefnois. *Paris* 1678. 3 *vol. in fol.*

381 Commentaire fur les Ordonnances par
Theveneau. *Paris* 1631. *in-*4.

382 Compilation des Ordonnances par Blan-
chard. *Paris* 1715. 2 *vol. infol.*

383 Les Ordonnances de Neron. *Paris.* 1720. 2 *vol. in fol.*

384 Les Loix de la France par Corbin. *Paris.* 1613. in 4.

385 De l'Efprit des Loix par M. de Montef-quieu. *Geneve.* 2 *vol. in* 4.

386 Critique de l'Efprit des Loix. *Geneve.* 1750. *in* 12.

387 Les Offices de France par Girard & Joly. *Paris.* 1677. 2 *vol. in fol.*

388 Ordonnances des Rois de France par Rebuffi. *Lyon.* 1559. in fol.

389 Le Code Henry III. avec des notes de la Roche-Maillet. *Paris.* 1622. *in-fol.*

390 Le Code Henry IV. par Cormier. *Rouen.* 1615. *in-*4

391 Les Privileges des Tréforiers de France par Fournival. *Paris.* 1655. *in fol.*

* 391 Code de la Voyerie. *Paris.* 1735. 2 *vol. in-*12.

393 Les Ordonnances de la Ville de Paris. *Paris.* 1644. *in-fol.*

394 Ordonnances de Louis XIV. pour la Ville de Paris. *Paris.* 1676. *in-fol.*

395 Paraphrafe de Bourdin fur l'Ordonnance de 1539. *Paris.* 1606. *in-*8.

396 Ordonnances de Louis XIII. dit le Code Michault. *Paris.* 1629. *in-*8.

397 Ordonnance Civile de 1667. *Paris.* 1730. *in-*24.

398 Ordonnance Civile de 1667. *Paris.* 1667. *in-*4.

399 Ordonnance de 1669. pour les Committi-

mus. *Paris.* 1669. *in-*4.

400 Ordonnance Criminelle de 1670. *Paris.* 1670. *in* 4.

401 Ordonnance de 1673. pour le Commerce. *Paris.* 1725. *in* 24.

402 Ordonnance de la Marine de 1681. *Paris.* 1681. *in* 4.

403 Ordonnance de Louis XIV. pour les Armées navales & Arcenaux de Marine. *Paris.* 1689. *in* 4.

404 Recueil d'Edits concernant l'Amirauté. *in* 4.

405 Conference des Ordonnances par Bornier. *Paris.* 1744. 2 *vol. in* 4.

406 Procès-Verbal des Conférences des Ordonnances Civiles & Criminelles. *Paris.* 1709. *in* 4.

407 Les Loix Criminelles. *Paris.* 1739. 2 *vol. in* 4.

408 Code Pénal. *Paris.* 1752. *in* 12.

409 Recueil d'Edits, Déclarations, &c. concernant la Justice, &c. depuis 1722 jusqu'en 1740. *Paris.* 1740. *in* 24.

410 Ordonnance des Aydes & Gabelles. *Paris.* 1721. *in* 24.

411 Mémorial alphabétique des Tailles. *Paris.* 1742. *in* 4.

412 Code des Tailles. *Paris.* 1740. 2 *vol. in-*12.

413 Mémorial alphabétique concernant les Gabelles & Cinq Grosses Fermes par Bellet-Verrier. *Paris.* 1714. *in* 8.

414 Maximes générales sur les Tailes, Aydes & Gabelles, par de Merville. *Paris.* 1715. *in* 12.

415 L'Efprit des deux Ordonnances de Louis XV. fur les Donations & les Teftamens. *Paris.* 1754. 3 *vol. in* 12.

416 Ordonnances de Louis XV. concernant les Donations & Teftamens. *Paris.* 1740. *in-*24.

417 Code Criminel de l'Empéreur Charles V. appellé la Caroline. *Paris.* 1734. *in* 4.

418 Recueil des Edits , Déclarations & Ar-rêts concernant la Juftice (Cod. le Tellier) *Paris.* 1682. 2 *vol. in* 4.

419 Recueil des Edits , Déclarations & Arrêts concernant la Juftice. (Code Pontchar-train.) *Paris* 1712. 2 *vol. in* 4.

420 Nouveau Reglement pour l'Adminiftra-tion de la Juftice. *Paris.* 1719. 2 *vol. in* 12.

421 Ordonnances, Edits, &c. concernant l'au-torité & la Jurifdiction de la Chambre des Comptes de Paris. *Paris.* 1726. 5 *vol. in* 4.

422 Recueil des Reglemens & Tarifs concer-nant les droits de Controlle des Actes des Notaires. *Paris.* 1724. 4 *vol.* 4.

423 Recueil des Reglemens concernant les droits d'Amortiffemens , Francs-Fiefs & nouveaux Acquêts, &c. *Paris.* 1729. 4 *vol. in* 4.

424 Ordonnance des Eaux & Forêts de 1669. *Paris.* 1733. *in* 24.

425 Ordonnance des Eaux & Forêts par de S. Yon. *Paris.* 1610. *in fol.*

426 Mémorial alphabétique fur les Matieres des Eaux & Forêts, Pêche & Chaffe. *Paris.* 1737. *in* 4.

427 Abrégé

427 Abrégé Méthodique de la Jurifprudence des Eaux & Forêts. *Paris.* 1738. *in* 24.

428 Traité univerfel des Eaux & Forêts de France par Duval de la Liffandiere. *Paris.* 1699. *in* 8.

429 Inftruction fur les Eaux & Forêts par de Chaufour. *Rouen.* 1642. *in* 8.

430 Traité du Droit de Chaffe par Delaunay. *Paris.* 1681. *in* 12.

431 Jurifprudence fur le fait des Chaffes. *Paris.* 1688. 2 *vol. in* 12.

432 Code des Chaffes. *Paris.* 1734. 2 *vol. in* 12.

433 Inftruction pour la Réformation des Eaux & Forêts. *Paris.* 1681. *in* 12.

434 Inftruction pour les Gardes des Eaux & Forêts. *Paris.* 1737. *in* 12.

435 Dictionnaire des Chaffes par Langlois. *Paris.* 1739. *in* 12.

436 Code Rurale, ou Maxime & Reglement concernant les biens de campagne. *Paris.* 1749. 2 *vol. in* 12.

437 Code des Paroiffes par le P. Bernard Darras. *Paris.* 1756. 2 *vol. en un. in* 12.

438 Ordonnance du Domaine. *Paris. in* 18.

439 Recueil d'Edits, Déclarations, &c. concernant les Mariages, *Paris.* 1724. *in* 12.

440 Recueil des Reglemens concernant les Manufactures & Fabriques du Royaume. *Paris.* 1730. 4 *vol. in* 4.

441 Suite des Reglemens des Manufactures. 3 *vol. in* 4.

442 Reglemens concernant les Manufactures & Teintures des Etoffes. *Paris.* 1727. *3 vol. in* 12.

443 Edits, Ordonnances, &c. concernant les Mines & Minieres. *Paris.* 1631. *broché, in* 8.

444 Recueil des Edits, Déclarations, &c. concernant les Saisies Réelles. *Paris. in* 8.

445 Edits, Déclarations, &c. concernant les Notaires. *Paris.* 1674. *in* 12.

446 Statuts de la Basoche. *Paris.* 1654. in 8.

447 Table alphabétique des Edits, Déclarations, &c. en la Province du Comté de Bourgogne. *Besançon.* 1730. *in* 8.

448 Statuts, Ordonnances, & Privileges de la Toison d'Or. *Cologne.* 1689. *in* 8.

449 Ordonnance d'Emanuel premier Duc de Bouillon de 1723, *Sedan.* 1723. *in* 12.

450 Code Militaire par de Briquet. *Paris.* 1728. *4 vol. in* 12.

451 Code Militaire des Pays-Bas. *Mastrick.* 1721. *in* 12.

452 Edits & Ordonnances Politiques d'Elisabeth Reine d'Angleterre de 1562. *Manuf. in* 8.

453 Code Frederic. *3 vol.* 1751. *in* 8.

454 Stile des Huissiers. *Paris.* 1752. *in* 12.

455 Divers Reglemens pour les Péages. *in* 4.

456 Conferences des Ordonnances, Edits & Déclarations concernant la Recherche des Usurpateurs du titre de Noblesse. *Par.* 1668. *in* 4.

457 Reglement & Inftructions touchant l'Adminiftration des Haras. *Par.* 1717. *in* 4.

458 Recueil des Edits, &c. concernant les Deffeichemens des Marais. *Par.* 1666. *in-* 4.

459 Reglement du Confeil de 1687. *Par.* 1689. *in-*24.

460 Tarif des Droits du Sceau. *Par.* 1704. *in* 4.

461 L'Hôpital General de Paris. *Par.* 1676. *in* 4.

462 Procès-verbal de la Chambre de Juftice, de 1716. *Manufcrit. in-*4.

463 Procès en Reglement de Jurifdiction entre les Juges Confervateurs des Privileges des Foires de Lyon. *Par.* 1669. *in* 4.

464 Le Stile de la Jurifdiction de la Ville de Lyon pour la Confervation des Privileges des Foires. *Par.* 1667. *in* 4.

165 Recueil des Privileges & Franchifes du Franc Lyonnois. *Lyon.* 1716. *in* 4.

466 Privilege des Foires de Lyon. *Lyon.* 1649. *in* 4.

467 Recueil du Procès en faveur du Préfidial de Lyon, contre le Parlement de Grenoble. *Lyon.* 1702. *in* 4.

468 Catacrife du Droit Romain pour le Lyon-par Allard de Sardon. *Lyon.* 1597. *in* 4.

469 Statuts de l'Ordre du S. Efprit. *Par.* 1703. *in* 4.

470 Statuti del l'Ordine de Cavalieri di Santo Stefano. *In Firenʒe.* 1620. *in* 4.

E ij

471 Déclarations du Roy pour les deniers dotaux. *Par.* 1657. *in* 4.

472 Recueil d'Edits, intitulé Dettes Royales. 2 *vol. in* 4.

473 Recueil d'Edits, Déclarations & Arrêts depuis 1699. jufques & compris 1726. 27 *vol. in* 4.

474 Recueil des Edits, Déclarations enregiftrés au Parlement de Rouen. *Rouen.* 1702. *in* 4.

475 Recueil d'Edits, Déclarations, Lettres Patentes, &c. enregiftrés au Parlement de Grenoble. *Grenoble.* 1690. *& fuiv.* 13. *vol. in* 4.

476 Jurifprudence nouvelle, contenant Edits, Déclarations & Arrêts, tant imprimés que manufcrits. 8 *vol. in* 4.

477 Recueil d'Edits, &c. intitulé Dettes Roya'es. *in* 4.

478 Recueil d'Edits pour le Dixiéme. 2 *vol. in* 4.

479 Recueil d'Edits intitulé Offices Royaux. 3 *vol. in* 4.

480 Recueil d'Edits intitulé Guerre. 5. *vol. in* 4.

481 Recueil d'Edits intitulé Fermes & Aydes. 2 *vol. in* 4.

482 Recueil d'Edits intitulé Fermes Generales. 2 *in* 4.

483 Recueil d'Edits intitulé Police generale. 2 *vol. in* 4.

484 Recueil d'Edits intitulé Police du Châtelet. 3 *vol. in* 4.

485 Recueil d'Edits intitulé Police de l'Hôtel de Ville. *3 vol. in* 4.

486 Recueil d'Edits intitulé Commerce. *3 vol. in* 4.

487 Recueil d'Edits intitulés Eaux & Forêts. *2 vol. in* 4.

488 Recueil d'Edits intitulé Marine. *in* 4.

489 Recueil d'Edits intitulé Péages. *4 vol. in* 4.

490 Recueil d'Edits concernant les Monnoyes. *in* 4.

491 Recueil d'Edits intitulé Chambre de Justice. *in* 4.

492 Recueil d'Edits intitulé Recueil sur plusieurs Affaires & Questions. *3 vol. in* 4.

493 Recueil d'Edits intitulé Librairie & Imprimerie. *in* 4.

494 Recueil de Pieces intitulé Sorbonne. *in* 4.

495 Recueil intitulé Exemptions.

496 Recueil intitulé Memoires & Factums de Cîteaux & autres. *in* 4.

497 Recueil intitulé Procès de Saint-Bertin *in* 4.

498 Affiches depuis 1753 jusqu'à présent. *3. vol. in* 4.

COUTUMES.

499 MÉTHODE pour l'intelligence des Coutumes, par Chaline. *Par.* 1666. *in* 8.

500 Instituts Coutumieres de Loysel, avec les Notes de Lauriere. *Par.* 1710. 2 *vol. in* 12.

501 Institutions Coutumieres par de Ferriere. *Par.* 1692. 3 *vol. in* 12.

502 Traités des Majorités coutumieres par de Merville. *Par.* 1729. *in* 12.

503 Le grand Coutumier de France par Charondas le Caron. *Par.* 1592. *in* 4.

504 Somme Rurale, ou le grand Coutumier, par Charondas le Caron. *Par.* 1611. *in* 4.

505 Glossaire du Droit François par de Lauriere. *Par.* 1704. 2 *vol. in* 4.

506 Les Notes de Charles Dumoulin sur les Coutumes de France. *Par.* 1715. *in* 4.

507 Dissertation sur les contestations qui naissent de la contrarieté des Loix & des Coutumes, par Boulenois. *Par.* 1732. *in* 4.

508 Observations sur les Regles & Principes du Droit Coutumier par Brunel. *S. Omer.* 1724. *in* 4.

509 Alliance des Coutumes de France par Duret. *Par.* 1600. *in* 4.

510 La Bibliotheque des Coutumes par Mrs. Berroyer & de Lorriere. *Par.* 1699. *in* 4.

511 Conference des Coutumes par Guenois.
Par. 1596. 2 *vol. in fol.*

512 Coutumier General. *Par.* 1550. *in fol.*

513 Coutumier General avec des Notes de M.
de Richebourg. *Par.* 1724. 4 *vol. in fol.*

514 Coutume d'Agen par Ducros. *Agen.* 1665.
in 4.

515 Lancillotti Commentaria in Confuetudi-
nem Alexandrinam. *Alexandriæ.* 1579.
in-4.

516 Statuts & Privileges de la Nobleffe d'Al-
face. *Strasbourg.* 1713. *in-fol.*

517 Duyfent Daelders, Obfervationes ad Le-
ges & Confuetudines Amftelodamenfes.
Amft. 1662. *in* 4.

518 Brittone Coutume d'Angleterre. *London.*
1640.

519 Coutume d'Angoumois par Gaudillaud.
Angoulefme. 1614. *in* 8.

520 Coutume d'Angoumois par Vigier. *An-
goulefme.* 1720. *in fol.*

* 520 Franc. Mingon Commentaria in Con-
fuetudines Andegavenfes. *Parif.* 1530. *in-
fol.*

521 Coutume d'Anjou par Touraille. *La Fle-
che.* 1651. *in* 8.

522 Coutume d'Anjou par de Lhommeau.
Saumur. 1605. 2 *vol. in* 4.

523 Coutumes d'Anjou conferées avec celle
du Maine par de la Roche - Maillet. *Par.*
1633. *in* 12.

524 Traité de la nature des Marches fépa-
rantes les Provinces de Poitou, Bretagne &

Anjou, par Hullin. *Nantes.* 1716. *in* 12.

525 Obfervations & Coutume d'Anjou par Dupineau. *Angers.* 1646. *& Paris* 1698. 2 *vol. in fol.*

126 Coutume d'Anjou par Dupineau, augmentée par Pocquet de Livoniere. *Par.* 1725. 2 *vol. in fol.*

527 Projets propofés pour la réformation des Coutumes d'Artois, par Brunel. *Douay.* 1735. *in* 8.

528 Coutumes d'Artois, S. Omer, Bethune, &c. 1679. *in* 12.

529 Maillard fur la Coutume d'Artois. *Paris.* 1739. *in-fol.*

530 Coutume Locale d'Arras. *Paris.* 1746. *in* 4.

531 Statuts d'Avignon. *Avignon.* 1698. *in* 4.

532 Commentaria Aymonii in Confuetudines Arverniæ. *Paris.* 1549. *in fol.*

533 Difcours des Fiefs & Refiefs par de Bafmaifon. *Paris.* 1579. *in* 8.

534 Beffianus in Confuetudines Arvernorum. *Trajecti.* 1661.

535 Coutume d'Auvergne par Bafmaifon & Conful. *Clermont.* 1667. 4.

536 Coutume d'Auvergne par Aymond, Beffianus & Durand. *Clermont.* 1640. *in*-4.

537 Coutume d'Auvergne par Prohet. *Paris.* 1695. *in*-4.

538 Rigaltius de Præfcriptionibus Arvernorum. *Paris.* 1613. 8.

539 Coutume

539 Coutume d'Auxerre par Billon. *Par.* 1694. *in* 4.

540 Commentaire sur la Coutume d'Auxerre par Née de la Rochelle. *Paris.* 1749. *in-4.*

541 Coutume de Bar le Duc & de S. Mihel. par le Paige. *Bar le Duc.* 1711. *in* 8.

542 Coutume generale du Bassigny. *Pont-à-Mousson.* 1607. *in* 4.

543 Coutume & Stile de la Justice du Pays de Bearn. *Pau.* 1715. *in* 8.

544 Coutume du Beauvoisis par Louvet. *Beauvais.* 1615. *in* 4.

545 Assises de Jerusalem, ensemble les Coutumes de Beauvoisis par de Beaumanoir, avec les Notes de la Thomassiere. *Paris.* 1690. *in fol.*

546 Coutume de Blois avec les Notes de Dupont. *Orleans.* 1622. *in* 12.

547 Pontanus in Consuetudines Blesences. *Paris.* 1677. *in fol.*

548 Comment. in Consuet. Bitur. Turon. & Aurelian. *Paris.* 1543. *in* 4.

549 Consuet. Bitur. Aurel. & Turon. Nicol. Boerii Pyrrhi Englebermei. *Joan. Sainson.* *Francof.* 1575. *in fol.*

550 Coutume de Berry par Labbé. *Paris.* 1607. *in* 4.

551 Coutume de Berry commentée par Ragueau. *Paris.* 1615. *in fol.*

552 Sommaire sur la Coutume de Berry par Dufour. *Bourges.* 1658. *in* 12.

553 Observations sur les Coutumes de Berry par P. T. D. L. J. AA. B. *Paris.* 1672. *in* 12.

554 Coutume de Berry par de la Thaumaſſiere. *Bourges*. 1692. *in* 4.

555 Les anciennes & nouvelles Coutumes de Berry & de Lorris par de la Thaumaſſiere. *Bourges*. 1679. *in fol.*

556 Nouveaux Commentaires ſur les Coutumes de Berry par de la Thaumaſſiere. *Bourges*. 1701. *in fol.*

557 Queſtions, Réponſes & Maximes ſur la Coutume de Berry par de la Thaumaſſiere. *Paris*. 1692. *in* 4.

558 Déciſions ſur les Coutumes de Berry par de la Thaumaſſiere. *Bourges*. 1667 *&* 1675. 2 *vol. in* 4.

559 Commentaires ſur les Coutumes de Beſançon par Dorival. *Beſançon*. 1721. *in* 4.

560 Arnoldus Ferronius in Conſuetudines Burdigalenſes. *Lugd.* 1585. *in fol.*

561 { Anciens & nouveaux Statuts de la Ville de Bordeaux, Chronique Bourdeloiſe par Darnal. *Bordeaux.* 1612 *&* 1619. *in* 4.

562 Commentaire ſur la Coutume de Bordeaux par Automne. *Bordeaux*. 1621. *in* 4.

563 Coutume de Bordeaux par Automne & Boé, augmentée par Dupin. *Bordeaux*. 1728. *in fol.*

564 Conferences de toutes les Queſtions traitées par M. le Ferron dans ſon Commentaire ſur la Coutume de Bordeaux, par Dupin. *Bordeaux*. 1746. *in* 4.

565 Ordonnances de M. de Bouillon pour les Terres de Bouillon, Sedan & autres. *Paris*. 1568. *in* 4.

566 Anciennes Ordonnances des Ducs de Bouillon avec les Coutumes. *Sedan.* 1717. *in* 4.

567 Joann. Paponis Commentaria in Confuetudines Burbonias. *Lugd.* 1550. *in fol.*

568 Coutume de Bourbonnois par Duret. *Lyon.* 1585. *in fol.*

569 Coutume de Bourbonnois par Poitier. *Moulins.* 1701. *in* 4.

570 Coutume de Bourbonnois par Auroux des Pommiers. *Paris.* 1732. avec les additions. *Paris.* 1741. 2. *vol. in-fol.*

571 Differtation Chronologique de la Coutume de Bourbonnois par Berroyer. *Paris.* 1695. *in* 12.

572 Inftituts au Droit Coutumier du Duché de Bourgogne. *Dijon.* 1697. *in* 12.

573 Explication des Articles de la Coutume de Bourgogne par de Rubis. *Lyon.* 1588. *in-* 8.

574 Chaffanæi Commentaria in Confuetudines Ducatus Burgundiæ. *Col. Allab.* 1616. *in fol.*

575 Coutume de Bourgogne par Bouvot. *Geneve.* 1632. *in* 4.

576 Coutume de Bourgogne par Begat & Defpringles. *Lyon.* 1652. *in* 4.

577 Coutume de Bourgogne par Begat & Defpringles. *Lyon.* 1665. *in* 4.

578 Coutume de Bourgogne par Defpringles, Begat & Bouhier. *Dijon.* 1717. *in* 4.

579 La Pratique Judiciaire obfervée au Comté de Bourgogne par de Saint-Maurife. *Dole.* 1627. *in-* 4.

580 Coutume du Duché de Bourgogne, par Tayfand. *Dijon* 1698. *in-fol.*

581 Coutume du Duché de Bourgogne, avec les obfervations de M. le Prefident Bouhier. *Dijon* 1742. & 1746. *in-fol.* 2. *vol.*

582 Commentaire fur le titre des Succeffions de la Coutume du Comté de Bourgogne. 1725. *in* 12.

583 Boguetus in Confuetudines Comitatus Burgundiæ. *Lugduni* 1604. *in* 4.

584 Ordonnance de la Franche-Comté de Bourgogne, par Petremand. *Dol.* 1619. *in-fol.*

585 L'Ufage de Breffe, Bugey, Valromey & Gez, par Revel. *Màcon* 1665. *in* 4.

586 Statuts & Coutumes de Breffe, Bugey, Valromay & Gex, par Collet. *Lyon* 1698. *in fol.*

587 Expofition des Loix avec des obfervations fur les Ufages de Breffe. *Paris* 1751. *in-*12.

588 Inftitution au Droit François, par rapport à la Coutume de Bretagne, par de la Bigotiere. *Nantes* 1696. *in-*4°.

589 Dargentré in Confuetudines Ducatus Britanniæ. *Parif* 1646. *in-fol.*

590 Coutume de Bretagne, par Belordeau. *Paris* 1643. *in-*4°.

591 Coutume de Bretagne & Plaidoyers & Arrêts de Bretagne. *Rennes* 1674. *in-*4°.

592 Obfervations fur la Coutume de Bretagne, par Abel. *Laval* 1689. *in-*4°.

593 Coutume de Bretagne, par Hevin. *Rennes* 1682. *in-*12.

594 Commentaire fur la Coutume de Bretagne, par de la Bigotiere. *Rennes* 1702. *in* 4°.

595 Coutume de Bretagne, par Sauvageau. *Nantes* 1710. 2 *vol. in*-4°.

596 Coutume de Bretagne. *Nantes.* 1725. *in* 4°.

597 Confultation fur la Coutume de Bretagne par Hevin. *Rennes.* 1734. *in* 4.

598 Queftions fur les Fiefs par Hevin. *Rennes.* 1736. *in* 4.

599 Coutume de Bretagne par Hevin. *Rennes.* 1745. 3 *vol. in* 4.

600 Chriftanæus in Confuetudines Bruxellenfes. *Bruxellis* 1721. *in-fol.*

601 Coutume de Cambray, par Pinault. *Douay* 1691. *in*-4°.

602 Coutume de Chaalons, par Godet. *Chaalons* 1615. *in*-12.

603 Coutume de Chaumont en Baffigny, par Gouffet. *Æpinal* 1623. *in*-4°.

604 Coutume de Chaumont en Baffigny, par Gouffet. *Chaumont.* 1722. *in*-8°.

605 Coutume de Chaumont en Baffigny, par Delaiftre. *Paris* 1723. *in*-4°.

606 Tulli Commentarii in Confuetudines Carnutenfes. *Parif.* 1560. *in*-4°.

607 Coutume de Chartres, par Touloue. *Paris* 1604. *in*-4°.

608 Coutumes de Châteauneuf, Chartres & Dreux, par du Laurens. *Chartres* 1645. *in*-4°.

609 Commentaire fur la Coutume de Chartres, par de Merville. *Paris* 1714. *in*-4°.

610 Coutume de Chartres, par Couart. *Paris* 1630. *in*-8°.

611 L'ufement de Cornoaille, par Furic. *Rennes* 1664. *in*-4°.

612 Statuta Delphinalia. *Gratianopoli* 1619. *in-*4°.

613 Ordonnance de Dombes, par de Chatillon. *Lyon* 1583. *in-*4°.

614 Coutume d'Etampes, par Lamy. *Paris* 1720. *in-*8°.

615 Maffei Statuta Provinciæ Forcalquerii. *Aix* 1598. *in-*4°.

615 Knobbaert Jus civile Gandenfium. *Bruxellis* 1700. *in-fol.*

617 Edits de la Republique de Geneves. *Geneves* 1607. *in-*4°.

618 Alande in Confuetudines Gelriæ. *Arnemiæ.* 1658. 2 *vol. in* 4.

619 Stile & Maniere de proceder au Confeil Souverain du Hainault. *Mons.* 1730. *in* 12.

620 Placards du Pays d'Haynault. *Mons.* 1701. *in-*4.

621 Chartes du Pays & Comté de Haynault par Fortius. *Mons.* 1736. *in* 4.

622 Memoire pour le Comte de Reneffe, concernant plufieurs Queftions de Droit fur le fait des Subftitutions du Pays d'Haynault. *Douay.* 1736. *in fol.*

622 Précis des Inftitutions du Droit Belgique. *Lille.* 1727. *in* 12.

624 Coutumier en Flamand. *Ant.* 1674. *in-fol.*

625 Coutumier de Flandres par le Grand. *Cambray.* 1719. *3 vol. in fol.*

626 Expofition des trois Etats du Pays de Flandres. 1711. *in* 8.

627 Ant. Anfelmo Commentaria ad perpe-

tuum Edi&um. *Ant.* 1701. *in-fol.*

628 Ant. Anfelmi Tribonianus Belgicus. *Ant.* 1692. *in fol.*

629 Les Nobles dans les Tribunaux, par Herman François de Malte. *Liege.* 1680. *in fol.*

630 Nic. Burgundi Opera omnia. *Brux.* 1700. *in* 4.

631 Petri Stockmans Opera. *Bruxellis.* 1718. *in* 4.

632 Pet. Stockmans Novæ Dec. Brabantiæ autore Gofwino. *Brux.* 1744. *in fol.*

633 Le Franc-Aleu de la Province de Languedoc par Cafeneuve. *Tholoʒe.* 1645. *in-fol.*

634 Commentaire fur la Coutume de Lille par le Bouck. *Douay.* 1626. *in* 4.

635 Les Chaftelains de Lille par Vander Haer. *Lille.* 1611. *in* 4.

636 Statuts de Liege. *Liege.* 1700. *in* 8.

637 Privileges & Ordonnances du Pays de Liege par de Louvreix. *Liege.* 1714. *&* 1730. 2 *vol. in fol.*

638 Carol. de Mean, Obfervationes & Res Judicatæ ad Jus Civile Leodienfium. *Leodii.* 1740. 4 *vol. in fol.*

639 Coutume de Lorraine. *Nancy.* 1595. *in-* 4°.

640 Coutume de Lorraine. *Nancy.* 1632. *in-* 12.

641 Commentaire fur la Coutume de Lorraine par Canon. *Epinal.* 1634.

642 Les Coutumes de Lorraine par de Fabert. *Metʒ.* 1657. *in fol.*

643 Ordonnance de Leopold Premier Duc de Lorraine de 1701. *Nancy.* 1701. 2 *vol. in-*12.

644 Hiſtoria & Statuta Lauſſenſis autore Robyns. *Leodii* 1717. *in-*4.

645 Commentaire ſur les Coutumes de Loudunois par le Prouſt. *Saumur.* 1612. *in-*4.

646 Coutume de Louvain. *Bruxelles.* 1728. *in-*4.

647 Ordonnance concernant le Duché de Luxembourg & Comté de Chiny. *Luxemb.* 1691.

648 Coutumes de Luxembourg & de Chiny. *Luxemb.* 1692. *in* 12.

649 Stile des Procedures de Luxembourg. *Luxemb.* 1695. *in-*12.

650 Coutume du Maine par Bodreau. *Paris.* 1645. *in fol.*

651 Remarque ſur les Coutumes du Maine par Bodreau. *Au Mans.* 1658. 2 *vol. in-*12.

652 Remarques & Notes ſur la Coutume du Maine, par Louis ſieur des Malicottes. *Mans.* 1658. *in-fol.*

653 Préface Hiſtorique pour ſervir à la Conference de la Coutume du Maine avec la Coutume de Paris, par Rippier. *Paris.* 1704. *in* 4.

654 Diſſertation ſur le Tennement de cinq ans dans la Coutume du Maine, par de Laurriere. *Paris.* 1698. *in* 12.

655 Chriſtinæus in Leges Melchinienſes. *Ant.* 1657. *in fol.*

656 Coutumes

656 Coutumes de Mantes & Meulan, avec les Obfervations de Guyot. *Paris*. 1739. *in-*12.

657 Callæi Commentarii in Leges Marchiæ Municipales. *Parif.* 1573. *in* 4.

658 Coutume de la Marche par Jabelly, re-vûe par Guyot. *Paris*. 1744. *in* 12.

659 Coutume de la Marche par de Fournoue? *Clermont*. 1744. *in* 8.

660 Coutume du Pays de Marfan. *Bordeaux.* 1700. *in-*12.

661 Statuts de Marfeille par Daix. *Marfeille.* 1656. *in-*4.

662 Coutume de Meaux par Sevoyée. *Paris.* 1609. 12.

663 Coutume de Meaux par Champy. *Paris.* 1682. *in* 12.

664 Coutume de Meaux par Bobé. *Paris.* 1683. *in-*4.

665 Coutume de Melun par Champy. *Paris.* 1687. *in* 12.

666 Les Us & Coutumes de la Mer par Cla-rac. *Rouen*. 1671. *in* 4.

667 Coutume de Metz & Pays Meffin. *Metz.* 1677. *in* 12.

668 Commentaire de M. Ancillon fur la Cou-tume de Metz. *Metz*. 1698. *in* 12.

669 Cout. de Metz comm. *Metz*. 1730. *in* 4.

670 Coutume de Montfort - Lamaury par Thourette. *Paris*. 1693. *in* 8.

671 Les Coutumes de Montargis avec les no-tes de Dumoulin. *Montargis*. 1576. *in* 12.

G

672 Coutume de Montargis & de Loris par Lhofte. *Paris.* 1629. *in-4.*

673 Les Privileges de la Ville de Montargis. *Paris.* 1668. *in 8.*

674 Coutume & Ordonnance du Comté de Namur. *La Haye.* 1736. *in-4.*

675 Les Oeuvres de Guy Coquille, Coutume de Nivernois. *Bordeaux.* 1703. 2. *vol. in-fol.*

676 Principes généraux du Droit Civil & Coutumier de Normandie, par Routier. *Rouen.* 1742. *in 4.*

677 L'Efprit de la Coutume de Normandie. *Rouen.* 1691. *in 4.*

678 Coutume de Normandie par le Rouille. *Gott. Caen.* 1510. *in fol.*

679 Sorinus Leffæus in Confuetudines Normaniæ. *Cadomi.* 1568. *in 4*

680 Terrien fur la Coutume de Normandie. *Rouen.* 1654. *in fol.*

681 Coutume de Normandie par Pefnel. *Rouen.* 1704. *in 4.*

682 Coutume de Normandie par Berault, Godefroy & Daviron. *Rouen.* 1684. 2 *vol. in-fol.*

683 Coutume de Normandie commentée par Bafnage. *Rouen.* 1694. 2 *vol. in fol.*

684 Commentaire fur la Coutume de Normandie par de Merville. *Paris.* 1707. *in 4.*

685 Décifions fur la Coutume de Normandie par de Merville. *Paris.* 1731. *in fol.*

686 Paraphrafe fur le Droit Romain & Cou-

tume de Normandie par Forger. *Paris.* 1577. *in-*8.

687 Coutumier de la Vicomté de l'Eaue de Rouen. *Rouen.* 1682. *in-*12.

688 Méthode pour liquider les Mariages avenants des Filles dans la Coutume de Normandie, par Evrard. *Rouen.* 1696. *in-*12.

689 Explication du 12e Titre de la Coutume de Normandie par de Blanchecape. *Caen.* 1662. *in* 4.

690 Memoires conçeřnant le Senatus-Consulte Velleien en Normandie. *Paris.* 1722. *in* 4.

691 Memoires concernant la qualité des Statuts par Froland. *Paris.* 1729. 2 *vol. in* 4.

692 Memoires concernant le Comté d'Eu par Froland. *Paris.* 1729. *in* 4.

693 Memoires concernant les Decrets d'Immeubles fitués en Normandie par Frofland. *Paris.* 1729. *in* 4.

694 Des Droits de Tiers & Dangers, Gruerie & Grairie par Berault. *Rouen.* 1625. *in* 12.

695 Défenfes pour les Particuliers qui poffedent des Bois dans la Province de Normandie. 1673. *in* 4.

695 Reglement de 1678. pour la Taxe des Officiers. *Rouen.* 1711. *broché. in* 12.

697 Memoires concernans le Droit de Tiers & Dangers fur les Bois de la Province de Normandie par Griard, avec les Notes de Froland. *Rouen.* 1737. *in-*4.

698 Coutume de S. Omer. 1744. *in-*4.

699 Privileges & Libertés de la Ville d'O-
range. *Orange.* 1607. *in* 4.

700 Duret fur la Coutume d'Orleans. *Paris.*
1609. *in* 4.

701 Coutume d'Orleans avec les notes de
Dumoulin. *Orleans.* 1609. *in* 12.

702 Coutume d'Orleans avec les notes de
Fornier. *Orleans.* 1711. *in* 12.

703 Coutume d'Orleans commentée par de
la Lande, augmentée par Perreaux. *Orleans.*
1704. 2 *vol. in fol.*

704 Institution à la Coutume de Paris par Le-
mée. *Paris.* 1691. *in* 12.

705 Principes generaux de la Coutume de
Paris par Langlois. *Paris.* 1742. *in* 24.

706 L'Art de la Coutume de Paris par Jamet.
Paris. 1672. *in* 24.

707 Corps & Compilation de tous les Com-
mentateurs fur la Coutume de Paris par de
Ferriere. *Paris.* 1714. 4 *vol. in fol.*

708 Molineus in Coniuetudines Parifienfes.
Parif. 1576. *in fol.*

709 Guerini Commentarii in Jus Civile Pari-
fiorum. *Parif.* 1634. *in fol.*

710 Coutume de Paris commentée par Tron-
çou. *Paris.* 1664. *in fol.*

711 La Coutume de Paris conferée par Fortin
& Ricard. *Paris.* 1666. *in fol.*

712 La Coutume de Paris par Brodeau. *Paris.*
1669. 2 *vol. in fol.*

713 Les Oeuvres de Barthel. Auzanet fur
la Coutume de Paris, &c. *Paris.* 1708.
in fol.

714 Dupleffis fur la Coutume de Paris. *Paris.*
1702. & 1728. 2 *vol. in fol.*

715 Coutume de Paris par le Maiftre. *Paris.*
1741. *in fol.*

716 Le Droit Commun de la France & la
Coutume de Paris par Bourjon. *Paris.* 1747.
2 *vol. in fol.*

717 Coutume de Paris. *Paris.* 1639. *in 24.*

718 Obfervations Analitiques fur la Coutume
de Paris par Pithou. *Paris.* 1601. *in 16.*

719 Coutume de Paris avec les notes de Lau-
riere. *Paris.* 1699. *in 12.*

720 Coutume de Paris par Tournet, Joly &
Labbé. *Paris* 1691. 2 *vol, in 12.*

721 Coutume de Paris par Ferriere avec les
notes de d'Aramond. *Paris* 1704. 2 *vol. in-*
12.

722 Reglement de la Juftice, ou Abrégé de
la Coutume. *Paris.* 1667. *br. in 24.*

723 Duboys Tractatus de Propriorum fuccef-
fione fecundum Confuetudinem Parifien-
fem. *Parif.* 1652. *in 8.*

724 Traité de la Repréfentation des Filles en
la fucceffion des Fiefs fuivant la Coutume
de Paris par Duboys. *Paris.* 1660. *in 4.*

725 Queftions fur les Démiffions de Biens par
Boullenois. *Paris.* 1727. *in 8.*

726 Traité de la Succeffion des Meres en
vertu de l'Edit de S. Maur. *Dijon.* 1726.
in 8.

727 Effay de Differtation fur les fecondes
Nôces par Dupleffis. *Paris.* 1737. *in 12.*

728 Architecture de Bullet. *Paris.* 1691. *in 8.*

729 Les Loix des Bâtimens fuivant la Coutume de Paris par Goupy. *Paris.* 1748. *in* 8.

730 Expofition des Coutumes fur la largeur des Chemins, Péages & Voiries. *Paris.* 1687. *in* 12.

731 Traité de la Police par M. le Commiffaire de la Marre. *Paris.* 1722. *& fuiv.* 4 *vol. in fol.*

732 La Conciliation des Articles de la Coutume de Paris par Defmaifons. *Paris.* 1663. *in*-24.

733 Avis fur la Repréfentation dans la Coutume de Paris par les Confeillers du Châtelet. *Paris.* 1628. *in* 8.

734 Coutume du Grand Perche par Bry. *Paris.* 1659. *in* 8.

735 Coutumier de Picardie. *Paris.* 1726. 2 *vol. in fol.*

736 Stile & Ufage de Provence par Margalet. *Aix.* 1641. *in* 8.

737 Coutume de Poitou par Theveneau. *Poitiers.* 1561. *in* 4.

738 Pet. Rat Commentaria ad Confuetudinem Pictonum. *Pictavii.* 1609. *in* 4.

739 Coutume de Poitou par Baraud. *Poitiers.* 1625. *in* 4.

740 Borderius & Conftantius in Confuetudines Pictonum. *Pictavii.* 1659. *in fol.*

741 Coutume de Poitou par Lelet. *Poitiers.* 1637. *in* 4.

742 Coutume de Poitou par Lelet, Filleau, Braud & autres. *Poitiers.* 1683. 2 *vol. in* 4.

743 Coutume de Poitou par Lelet, Filleau, Braud & autres. *Poitiers*. 1710. *in* 4.

744 Coutume de Poitou par Liege. *Poitiers*. 1695. *in* 4.

745 Coutumier de Poitou par Boucheul. *Poitiers*. 1727. 2 *vol. in fol.*

746 Les Statuts de Provence par Maffe & Margalet. *Avignon*. 1567 & 1569. *in* 4.

747 Les Statuts de Provence par Mourgues. *Aix*. 1658. *in* 4.

748 Remontrances de la Nobleffe de Provence par Gailhard. *Aix*. 1669. *in fol.*

749 Commentaire fur les Coutumes de la Rochelle & Pays d'Aunix, par Huet. *La Rochelle*. 1688. *in* 4.

750 Paraphrafis ad Confuetudinem Santangeliacam autore Jac. de Vigneo. *Santonis*. 1638. *in* 4.

751 L'Ufance de Saintonge par Bechet. *Saint*. 1647. *in-*4.

752 Coutume de S. Jean d'Angely par Maichin. *S. Jean d'Angely*. 1650. *in* 4.

753 Coutume de S. Jean d'Angely par Bechet. *Saint*. 1689. *in* 4.

754 Stylus Regius Galliarum Jur. Olim Salutiánis Præfcriptus Opera Granettii. *Burgi-Sebufi*. 1630. *in* 4.

755 Loix & Conftitutions de Savoye. *Turin*. 1729. 2 *vol. in* 4.

756 Coutumes de Senlis, Clermont & Vallois par Bouchel. *Paris*. 1631. *in* 4.

757 Coutume de Senlis par de S. Leu. *Paris*. 1703. *in* 4.

758 Coutume de Sens avec les notes de Pénon. *Sens.* 1711. *in* 8.

759 Coutume de Sens & de Langres par de Laiftre. *Paris.* 1731. *in* 4.

760 Loix, Statuts & Ordonnances de la Principauté de Stavelot & Comté de Loigne, avec les nouvelles Ordonn. *Liege.* 1619. *&* 1716. *in* 4.

761 Coutume de Thionville. *Metz.* 1677. *in* 12.

762 Confuetudines Tholofæ à Joan. de Cafa Veteri. *Tholofæ.* 1544. *in* 4.

763 François François fur la Coutume de Touloufe. *Lyon* 1615. *in* 4.

764 Coutume de Touraine de 1460. *Tours.* 1502. *in* 8.

765 Coutume de Touraine par Breche. *Tours.* 1553. *in* 8.

766 Coutume de Touraine par Boullay. *La Fleche.* 1619. *in* 8.

767 Coutume de Touraine par Pallu. *Tours.* 1661. *in* 4.

768 Coutume de Troyes par Rochette. *Troyes.* 1596. *in* 8.

769 Coutume de Troyes par Pithou. *Paris.* 1629. *in* 4.

770 Coutume de Troyes par le Grand. *Paris.* 1737. *in fol.*

771 Les Statuts du Comté Venaiffin de Philieul. *Carpentras.* 1700. *in* 12.

772 Lamb. Goris Commentaria ad Confuetudines Velaviæ. *Novio-Magi* 1645. *in* 4.

773 Statuta

773 Statuta Vianensis & Ameydensis autore Vandermeulen. *Trajecti*. 1685. *in* 4.

774 Coutumier de Vermandois. *Paris*. 1728. 2 *vol. in fol.*

775 Abrahami Awefel, Commentarius ad novellas Conftitutiones Ultrajectinas. *Trajecti*. 1666. *in* 4.

776 Coutume de Vitry par Saligny. *Châlons*. 1676. *in* 4.

777 Coutume de Vitry commentée par Durand. *Châlons*. 1722. *in fol.*

778 Riffirdi Griffi Statuta Veneta. *Venetiæ*. 1628. *in* 4.

779 Les Plees del Coronne. *Londini*. 1560. *in* 4.

AR RÉTISTES

& Plaidoyers.

* 779 PLACITA Lucii. *Parif.* 1559. *in fol.*

780 Arrêts Notables par Chreftient. *Paris*. 1560. *in* 16.

781 Annæi Roberti Res Judicatæ. *Parif.* 1602. *in* 4.

782 Bibliotheque des Arrêts par Jovet. *Paris*. 1669. *in fol.*

783 Dictionnaire des Arrêts par Brillon. *Paris*. 1727. 6 *vol. in fol.*

784 Notaires & Arrêts de Papon. *Lyon* 1568. 4 *vol. in fol.*

H

785 Reglemens, Queſtions & Arrêts de Chenu. *Paris.* 1604 *&* 1620. 2 *vol. in* 4.

786 Arrêts de Leveſt. *Paris.* 1612. *in* 4.

787 Arrêts de Montholon. *Paris.* 1622. *in-* 4.

788 Arrêts de Bouchel & de Jolly. *Paris.* 1630. *in-*4.

789 Recueil d'Arrêts du Parlement de Paris, depuis 1657. par Jean-Marie Ricard. *Par.* 1672. *in* 4.

790 Journal du Parlement, depuis 1648 juſques & compris 1652. *Paris.* 1652. 2 *vol. in-* 4.

791 Journal des Audiences par Dufreſne & autres. *Paris.* 1733. *& ſuiv.* 7. *vol. in-fol.*

792 Arrêts & Plaidoyers de Montauban. *Paris.* 1660. *in* 4.

793 Arrêts de Bouguier. *Paris.* 1667. *in-* 4.

794 Arrêts des différens Tribunaux du Royaume par Augeard. *Paris.* 1710. 3. *vol. in-* 4.

795 Arrêts & Reglemens du Parlement de Paris par de la Combe. *Paris.* 1743. *in-* 4.

796 Recueil d'Arrêts rendus ſur pluſieurs Queſtions jugées dans des Procès de rapport en la quatriéme Chambre des Enquêtes par M. de Grainville. *Paris.* 1750. *in* 4.

797 Journal du Palais par Blondeau & Gueret. *Paris.* 1757. 2 *vol. in fol.*

798 Arrêts de Louet par Brodeau, augmentés par de la Combe. *Paris.* 1742. 2 *vol in- fol.*

799 Arrêts de Filleau. *Paris.* 1631. 2 *vol. in- fol.*

800 Les Oeuvres de Henrys avec les notes de Bretonnier. *Paris.* 1708. 2 *vol. in- fol.*

801 Les Oeuvres de Henrys avec les notes de Bretonnier & de Terraſſon. *Paris.* 1738. 4 *vol. in fol.*

802 Arrêts de Lepreſtre augmentés par Gueret. *Paris.* 1695. *in fol.*

803 Arrêts de Soefve. *Paris.* 1682. 2 *vol. en un in fol.*

804 Arrêts de Bardet par Berroyer. *Paris.* 1690. 2 *vol. en un in fol.*

805 Recueil des Arrêts des Grands Jours de Clermont en Auvergne. *Clermont.* 1666. *in 4.*

806 Recueil d'Arrêts du Conſeil du Roi par Montgeot. *Paris* 1655. *in 4.*

807 Memoire du ſieur Poncet au ſujet du Doyenné du Grand Conſeil 2. *vol. in- fol.*

808 Memoire du Controlleur des Domaines touchant la Directe ſur pluſieurs héritages du Fauxbourg S. Antoine, contre Madame l'Abbeſſe. *in fol.*

809 Factum pour Louis Chareton, contre M. le Boultz. *in fol.*

810 Recueil de Plaidoyers & Arrêts de plu-

fieurs anciens & fameux Avocats. *Paris*.
1644. *in* 8.

811 Plaidoyers & Arrêts de Corbin. *Paris*.
1611. *in* 8.

812 Plaidoyers pour & contre les Jefuites par
de Montholon & de la Martelliere. *Paris*.
1612. *in* 8.

813 Plaidoyer de Lordelot pour de Baudry,
prétendu Cordelier, avec un Traité tou-
chant la validité des Vœux. *Pars.* 1681. *in* 12.

814 Recueil des Pieces du Procès de M.
Fouquet. 1665. 13 *vol. in* 12.

815 Factums de Gefvres. *Roterd.* 1714. 2 *vol.
in* 12.

816 Plaidoyers de le Noble. *Rouen.* 1704.
in 8.

817 Les Caufes Célébres par M. Gayot de
Pitaval. *Paris.* 1734. *& fuiv.* 20 *vol. in-*
12.

818 Arrêts du Parlement de Bretagne par de
Lefrat. *Paris.* 1588 *in* 8.

819 Arrêts du Parlement de Bretagne par de
Lefrat. *Paris.* 1581. *in* 4.

820 Arrêts & Coutume de Bretagne par Frain.
Rennes. 1659. *in* 4.

821 Arrêts du Parlement de Bretagne par Frain
& Hevin. *Paris.* 1684. 2 *vol. in* 4. *maroq*
rouge.

822 Arrêts du Parlement de Bretagne par Du-
fail & Sauvageau. *Nantes.* 1715. 2. *vol. in-*
4.

823 Arrêts du Parlement de Bretagne par De-
volant. *Rennes.* 1721. *in* 4.

824 Journal des Audiences & Arrêts du Parlement de Bretagne. *Rennes.* 1737 & 1740. 2 *vol. in* 4.

825 Réponse au Factum touchant l'interêt des Deniers pupillaires de Bretagne. *Nantes.* 1713. *in* 4.

826 Memoire des Etats de Bretagne touchant la Charge d'Amiral de France. *in fol.*

827 Arrêts du Parlement de Toulouse par Maynard & Defcorbiac. *Paris.* 1638. 2 *vol. in fol.*

828 Maynardy Decifiones Tholofanæ. *Franc.* 1610. *in fol.*

829 Arrêts du Parlement de Toulouse par Dolive. *Toulouse.* 1682. *in* 4.

830 Décifions du Parlement de Toulouse par Cambolas. *Toulouse.* 1659. *in fol.*

831 Arrêts du Parlement de Toulouse par la Rocheflavin. *Toulouse.* 1617. *in* 4.

832 Arrêts du Parlement de Toulouse par Albert. *Toulouse.* 1686. *in* 4.

833 Les Oeuvres de M. Scipion du Perrier. *Toulouse.* 1721. 2 *vol. in* 4.

834 Arrêts du Parlement de Toulouse par de Catellan, & Obfervations de Vedelle. *Toulouse.* 1723. & 1733. 3 *vol. in* 4.

835 Décifions & Arrêts du Parlement de Bourgogne par Bouvot. *Geneve.* 1623. 2 *vol. in* 4.

836 Arrêts du Parlement de Dijon par Raviot. *Paris.* 1735. 2 *vol. in fol.*

837 Confultation de Cormias. *Paris.* 1735. 2 *vol. in fol.*

838 Boerii Decifiones Burdegalenfes. *Genev.* 1614. *in fol.*

839 Décifions du Parlement de Bordeaux par Lapeyrere. *Bordeaux.* 1706. *in fol.*

840 Decifiones Grationopolitanenfes Guidonis Papæ. *Lugd.* 1613. *in fol.*

841 La Jurifprudence de Guy-Pape par Chaurier, & Arrêts du Parlement de Grenoble. *Lyon.* 692. *in 4.*

842 Arrêts & Plaidoyers de Baffet du Parlement de Dauphiné. *Grenoble.* 1676. 2 *vol. in-fol.*

843 Arrêts du Parlement de Provence par Boniface. *Paris & Lyon.* 1670. *& fuiv.* 5 *vol. in-fol.*

844 Arrêts du Parlement de Provence par de Bezieux. *Paris.* 1750. *in fol.*

845 Arrêts de Reglement du Parlement de Provence, avec des notes d'un Préfident à Mortier du même Parlement. *Aix.* 1744. *in 4.*

846 Arrêts notables du Parlement de Provence par un Préfident à Mortier du même Parlement. *Aix.* 1746. *in 4.*

847 Décifions de plufieurs Queftions notables du Parlement de Metz par Fremyn. *Toul.* 1644. *in 4.*

848 Franc. Stephani Decifiones Parlamenti Aquenfis. *Parif.* 1618. *in 4.*

849 Recueil d'Edits du Parlement de Befançon. *Befançon.* 1701. 6 *vol. en* 4 *in fol.*

* 849 Grivelli Decifiones Senatûs Dolani Divione. 1731. *in fol.*

850 Inſtitution du Droit Belgique par de Ghewiet. *Lille.* 1736. *in* 4.

851 La Juriſprudence des Pays-Bas, & Arrêts du Conſeil de Malines par de S. Waaſt. *Bruxelles.* 1717. *in-fol.*

852 La Juriſprudence du Hainault François par Dumées. *Douay.* 1750. *in* 4.

853 Recueil des Edits, Arrêts, Déclarations & Reglemens concernant la Flandre. *Douay.* 1730. *in* 4. Imp. par ordre de M. le Chancelier.

854 Arrêts du Parlement de Tournay par Pinault. *Valenciennes.* 1702. & *ſuiv.* 4. *vol. en* 2. *in* 4.

855 Arrêts du Parlement de Flandres par Pollet. *Lille.* 1716. *in* 4.

856 Arrêt portant Reglement des Procedures près la Cour du Parlement de Flandres. *Douay.* 1716. *in* 4.

857 Ordonnance, Stile, Statut & maniere de proceder au Grand Conſeil de Malines. *Bruxelles.* 1721. *in* 4.

858 Chriſtinæi Deciſiones Cuiræ Belgicæ. *Ant.* 1636. 6 *vol. en* 3. *in fol.*

859 Neoſtadii Deceſiones Hollandiæ, &c. *Hagæ Comit.* 1667. *in* 4.

860 Ant. Matthæi Parœmiæ Belgarum. *Bruxellis. in* 4.

861 And. Gaill Obſervationes Practicæ. *Col. Agrip.* 1611. *in* 4.

862 Tractatus de Legibus abrogatis & inuſitatis in Hollandia Ant. Grœuewegen. *Lugd. Bat.* 1649. *in* 4.

863 Deckheri Decifiones Curiæ Brabantiæ.
    Bruxellis. 1673. *in fol.*

864 Ranchini Decifiones. *Genevæ.* 1709. *in fol.*

865 Van Lœuwen, Cenfura Forenfis. *Amft.*
    1685.

866 Factum, Arrêt pour les Secrétaires du
    Roy. *in fol.*

867 Memoires & Factum de P. Girard. 2
    vol. in fol.

868 Recueil d'Edits, &c. en faveur des Ha-
    bitans de la Ville de Dieppe. *Dieppe.*
    1700. *in fol.*

869 Les Ouvertures du Parlement par Louis
    Loys d'Orleans. *Paris.* 1607. *in-4.*

870 Plaidoyers de Galland. *Paris.* 1649. *in-4.*

871 Plaidoyers de Expilly. *Paris.* 1619. *in-4.*

872 Plaidoyers de Gaulthier. *Paris.* 1688. 2
    vol. in 4.

873 Plaidoyers de le Maiftre. *Paris.* 1688. *in-4.*

874 Plaidoyers de Corberon & de Ste. Mar-
    the. *Paris.* 1692. *in* 4.

875 Oeuvres diverfes de M. Patru. *Paris.*
    1732. 2 *vol. in* 4.

876 Oeuvres de Mathieu Terraffon. *Paris.*
    1737. *in* 4.

877 Recueil de Memoires, Factums & Ha-
    rangues de M. de Sacy. *Paris.* 1724. 2 *vol.*
    in 4.

878 Recueil de Factums & Memoires fur
    plufieurs Queftions de Droit. *Lyon.* 1727. 2
    vol. in 4.

879 Memoires des Ducs & Pairs contre Mrs du
    Parlement. *Paris.* 1664. *in-4.*

DROIT

DROIT FRANÇOIS,

& Traités de Droit François.

880 LEs Loix Civiles par Domat. *Paris.* 1735. *in fol.*

881 Recherches pour fervir à l'Hiftoire du Droit François. *Paris.* 1752. *in* 12.

882 Hiftoire & Elemens du Droit François, par Dumées. *Douay.* 1753. *in* 12.

883 Memoires de Miraulmont fur l'origine & inftitution des Cours fouveraines & fubalternes. *Paris.* 1584. *in* 8.

884 Bibliotheque du Droit François par Bouchel, augmentée par Bechefer. *Paris.* 1671. *3 vol. in-fol.*

885 Les Regles du Droit François par Poquet de Livoniere. *Paris.* 1730. *in* 12.

886 Inftitution au Droit François par Argou. *Paris.* 1730. 2 *vol. in* 12.

887 Inftitution du Droit Romain & du Droit François par Delaunay. *Paris.* 1686. *in* 4.

888 Maximes du Droit François par de Lhommeau. *Paris.* 1657. *in-4.*

889 Remarques du Droit François par Mercier. *Paris.* 1663. *in* 4.

890 Maximes journalieres du Droit François. *Paris.* 1749. *in* 4.

891 Les Regles du Droit Civil par Dantoine. *Lyon.* 1725. *in* 4.

I

892 Les Titres du Droit Civil & Canonique. *Lyon.* 1705. *in* 4.

893 Compilation du Droit Romain, du Droit François & du Droit Canon par Berjon. *Lyon.* 1688. 4 *vol. in-*12.

894 Principes de Jurisprudence sur les Visites des Medecins, par M. Prevost. *Paris.* 1753. *in* 12. *Idem.* Double.

895 Remarques du Droit François par Raymond de Leglise. *Lyon.* 1618. *in* 12.

896 La Jurisprudence Françoise par Helot. *Par.* 1665. 2 *vol. in* 4.

897 Les Principes de la Jurisprudence Françoise. *Paris.* 1750. 2 *vol. in* 12.

898 Recueil de Jurisprudence par de la Combe. *Paris.* 1746. *in* 4.

899 Questions de Droit par Bretonnier, avec les notes de Boucher d'Argis. *Paris.* 1742. *in* 12.

900 Les Elémens du Barreau par de Maillet. *Nancy.* 1706. *in-*4.

901 Regles pour former un Avocat par de Merville. *Paris.* 1753. *in* 12.

902 Apologie pour l'honoraire dû aux Avocats par de l'Escornay. *Paris.* 1650. *broché, in-*8.

903 Resolutions de plusieurs importantes Questions de la Coutume & du Barreau, & de plusieurs cas de conscience, par M. de la Palluelle. *Rouen.* 1746. *in* 12.

904 Carol. Molinæi Opera omnia. *Parif.* 1681. 5 *vol. in fol.*

905 Choppini Opera omnia. *Parif.* 1621. 4 *vol. in fol.*

906 Les Oeuvres de René Chopin, trad. par Tournet.*Paris.* 1662. 5 *vol. in fol. g. p.*

907 Conference du Droit François avec le Droit Romain, par Automne. *Paris.* 1629. *in fol.*

908 Queftions & Réponfes du Droit François par Charondas. *Paris.* 1637. 2 *vol. in fol.*

909 And. Tiraquelli Opera omnia. *Lugd.* 1587. *& fuiv.* 5 *vol. in fol.*

910 Les Oeuvres de Me Charles Loyfeau. *Paris.* 1642. *in fol.*

911 Les Oeuvres de Me Ant.Defpeiffes. *Lyon.* 1726. 2 *vol. in fol.*

912 Les Oeuvres de Jullien Pelleus. *Paris.* 1631. *in fol.*

913 Les Oeuvres de Claude le Bret. *Rouen.* 1689. *in fol.*

914 Divers Opufcules de Loyfel. *Paris.* 1652. *in 4.*

915 Les Opufcules de Lefchaffier. *in 4.*

916 Reliefs Forenfes par Roulliard. *Paris.* 1610. *in 4.*

917 Berengarii Fernandi Opera. *Tholofœ.* 1728. *in fol.*

918 Fufarius de Subftitutionibus. *Genevœ.* 1628. *in fol.*

919 Francifci Hotmani Opera omnia. *Genevœ.* 1599. 6 *vol. in fol.*

920 Julii Clari Opera. *Lugd.* 1672. *in fol.*

921 And.Gaill Obfervationes practicœ.*Thorini.* 1609. *in fol.*

I ij

922 Traité des Succeſſions par le Brun. *Paris.* 1735. *infol.*

923 Traité de la Communauté par le Brun. *Paris.* 1734. *in fol.*

924 Traité des Propres par de Renuſſon. *Paris.* 1733. *in* 4.

925 Traité de la Communauté par de Renuſſon. *Paris.* 1723. *in* 4.

926 Traité de la Subrogation par de Renuſſon. *Paris.* 1723. *in* 4.

927 Traité du Douaire & de la Garde-Noble par de Renuſſon. *Paris.* 1724. *in* 4.

928 Traité des Peines des ſecondes Nôces par Dupin. *Paris.* 1743. *in* 4.

929 Traité des Gains nuptiaux & de ſurvie par Boucher d'Argis. *Lyon.* 1738. *in* 4.

930 Traité des Preſcriptions par Dunod. *Dijon.* 1730. *in* 4.

931 Les Oeuvres de Bacquet augmentés par Ferriere. *Lyon.* 1744. 2 *vol. in fol.*

932 Les Oeuvres de François Grimaudet. *Amiens.* 1669. *in fol.*

933 Traité des Donations, Subſtitutions & Don mutuel par Ricard. *Paris.* 1753. 2 *vol. in fol.*

634 Traité de la Révocation & nullité des Donations par de la Rouviere. *Toulouſe.* 1738. *in* 4.

935 Traité des Teſtamens par J. B. Furgol. *Paris.* 1745 *& ſuiv.* 4 *vol. in* 4.

936 Obſervations de Furgol ſur l'Ordonnance de Louis XV. au ſujet des Donations. *Toulouſe.* 1733. *in fol.*

937 Harpprechti Tractatus Criminales. *Tubengæ*. 1615. *in* 4.

638 Ant. Mathæus de Criminibus. *Vefaliæ*. 1672. *in* 4.

939 Recueil de Procedures Criminelles par de Combes. *Paris*. 1726. *in* 4.

940 Traité des Matieres Criminelles par Merville. *Paris*. 1732. *in* 4.

941 Traité des Matieres Criminelles par du Rouffeau de la Combe. *Paris*. 1741. *in* 4.

942 Des Infcriptions en faux par de Mefle. *Paris*. 1609. *in* 12.

943 Traité des Infcriptions en faux par Raveneau. *Paris*. 1665. *in* 12.

944 Traité de la maniere de proceder à toutes vérifications d'Ecritures par de Blegny. *Paris*. 1698. *in* 12.

945 Traité de la preuve par Témoins par Danty. *Paris*. 1727. *in* 4.

946 Traité des Cas Royaux par de Rymon. *Paris*. 1618. *in* 8.

947 Traité du Délit commun & Cas privilegiés par Milletot. *Dijon*. 1615. *in* 8.

948 Du Franc-aleu & origine des Droits feigneuriaux par Galland. *Paris*. 1637. *in* 4.

949 Traité des Fiefs & de leur origine par Chantereau le Fevre. *Paris*. 1662. *in fol.*

950 Ufage des Fiefs en Dauphiné & autres droits feigneuriaux, par Salvaing. *Grenoble*. 1668.

951 Traité des droits feigneuriaux par Geraud. *Touloufe*. 1680. *in* 12.

952 Differtation fur la nature des droits fei-
gneuriaux & de lods & ventes, par M. J.
&c. *Paris.* 1687. *in* 12.

953 Pratique reguliere pour l'inftruction des
Matieres de Cenfives. *Lyon.* 1697. *in* 12.

954 Ufage general des Fiefs en France par
Bruffel. *Paris.* 1727. 2 *vol. in* 4.

955 Traité des Fiefs par Pocquet de Livo-
niere. *Paris.* 1729. *in* 4.

956 Principes du Droit François fur les Fiefs
par Billecoq. *Paris.* 1729. *in* 12.

957 Traité des droits feigneuriaux & des Ma-
tieres Féodales par de Boutaric. *Touloufe.*
1745. *in* 12.

958 Traité des Fiefs par Guyot. *Paris.* 1746.
& *fuiv.* 6 *vol. in* 4.

959 La Pratique Univerfelle pour la Reno-
vation des Terriers par de la Poix de Fre-
menville. *Paris.* 1646 & *fuiv.* 4 *vol. in* 4.

960 Traité de la Perfection des Papiers Ter-
riers du Roy par Bellamy. *Paris.* 1746. *in-*
4.

961 Introduction aux droits feigneuriaux par
la Place. *Paris.* 1749. *in* 12.

962 Obfervations fur le droit des Patrons par
Guyot. *Paris.* 1751. *in* 4.

963 Traité de la Connoiffance des Droits &
des Domaines du Roy par Berthelot du
Ferrier. *Paris.* 1725. *in* 4.

954 Traité des Criées par Forget. *Paris.* 1604.
in 8.

965 Traité des Criées & Decrets, Hypote-

ques & Nantiſſemens par Gouget. *Paris.*
1619. *in* 8.

966 Traité des Criées par Bruneau. *Paris.*
1704. *in* 4.

967 Traité de la Vente des Immeubles par
de Hericourt. *Paris.* 1727. *in* 4.

968 Des Amortiſſemens, nouveaux Acquêts &
Francs-Fiefs par Jarry. Paris. 1725. *in* 12.

969 Les Oeuvres de Me Gilles le Maiſtre.
Bruxelles. 1662. *in* 8.

970 Traité des Conventions de ſucceder par
Boucheul. *Poit.* 1727. *in* 4.

971 Traité de la Mainmorte & des Retraits.
Dijon. 1733. *in* 4.

972 Traité de la Crue des Meubles par Bou-
cher d'Argis. *Paris.* 1741. *in* 12.

973 Traité des Minorités, Tutelles & Cu-
ratelles par Couchot. *Paris.* 1713. *in* 12.

974 Traité des Minorités, Tutelles & Cura-
telles. *Paris.* 1735. *in* 4.

975 Traité de la Repréſentation par Guyné.
Paris. 1727. *in* 4.

976 Reglemens ſur les Scellés & Inventaires
en Matieres Civiles & Criminelles. *Paris.*
1734. *in* 4.

977 Traité du Retrait féodal & du Retrait li-
gnager par Breyé. *Nancy.* 1736. *in* 4.

978 Les Oeuvres de Gilles le Maiſtre. *Paris.*
1713. *in* 4.

979 Traité des Hipoteques par Baſnage. *Rouen.*
1702. *in.* 12.

980 Traité des Hipoteques par Olivier Etien-
ne. *Rouen.* 1705. *in* 4.

981 Recueil des Actes de Notorieté donnés par M. le Camus. *Paris.* 1709. *in* 4.

982 Traité des Dépens, Dommages & Interêts par Vrevin. *Paris.* 1639. *in* 8.

983 Maximes generales sur les Droits Domaniaux, Lods & Ventes, &c. *Paris.* 1749. *in* 12.

984 Traité des Elections d'Heritiers Contractuels & Testamentaires par Wulson. *Paris.* 1700. *in* 12.

985 Traité des Elections par Vierville. *Paris.* 1739. *in* 18.

986 Traité des Etangs & Viviers par L. D. B. *Paris.* 1717. *in-*12.

987 Maximes generales sur les Droits Domaniaux & seigneuriaux. *Paris.* 1755. *in* 12.

988 Institutes Féodales, ou Manuel des Fiefs & Censives, par Guyot, *Paris.* 1753. *in-*12.

989 Traité des Institutions & des Substitutions Contractuelles, par de Lauriere. *Par.* 1715. 2 *vol. in* 12.

990 De Vario Juridicæ Parisiensis Scholæ Statu.
Discours sur la Détractation de la Légitime. *Paris.* 1686 & 1693. *in* 12.

991 De l'origine du droit des Magistrats, &c. *Paris.* 1674. *in* 12.

992 Justification des Usages de France sur les Mariages, par le Merre, *Paris.* 1687. *in-*12.

993 Traité des Contrats de Mariage. *Paris.* 1722. *in-*12.

994 Traité de la Dissolution du Mariage pour

cause

caufe d'impuiſſance , par M. le P. Boughier.
Luxembourg. 1735. *in* 8.

995 Traité des Tailles par Combes. *Paris.*
1584. *in* 8.

996 Traité de la Nobleſſe par de Thierriat.
Paris. 1606. *in* 8.

997 Traité du droit des Peremptions d'Inſ-
tance par le Febvre. *Paris.* 1616. *in* 12.

998 Traité des Peremptions des Inſtances par
Mennelet , augmenté par Bridan. *Dijon.*
1750. *in* 12.

999 De la Puiſſance Paternelle par Ayrault.
Tours 1593. *in* 12.

1000 Divers Traités du Droit par Beraud.
Niſmes. 1677. *in* 4.

1001 Traité du droit d'Indemnité & de la Lé-
gitime, par Marais. *Paris.* 1696. *in* 12.

1002 Traité de la Contribution à la Légitime
par Berger. *Paris.* 1702. 2 *vol. in* 12.

1003 Traité de la Légitime , de la Repréſenta-
tion & des fecondes Nôces, par de la Cham-
pagne. *Paris,* 1720. *in* 12.

1004 Traité des Rentes. *Paris.* 1615. *in* 12.

1005 Méthode pour les Rentes. *Nancy.* 1715.
in 24.

1006 { Traité de la Garantie des Rentes, de la
Repréſentation par Leſchaſſier. Traité
de la Diſſoluion du Mariage pour cauſe
d'impuiſſance. *Paris.* 1595. *in* 8.

1007 Traité du droit de Retour par de Rou-
viere. *Paris.* 1737. 2 *vol. in* 12.

1008 Traité de l'appofition & levée des Scel-
lés. *Paris.* 1720. *in* 12.

1009 Traité des Statuts, avec un Arrêt con-
cernant les Subſtitutions en faveur de M.
de la Feuillade. *Paris.* 1688. *in* 12.

1010 Traité des Péages par de Vauxelles. *Lyon.*
1550. *in* 4.

1011 De l'origine du droit d'Amortiſſement
par de Lauriere. *Paris.* 1692. *in* 12.

1012 Tarif du Contrôle des Actes & de l'In-
ſinuation. *Avignon.* 1746. *in* 8.

1013 Diſſertation ſur le droit d'Aubaine par
de Gama. *Paris.* 1706. *in* 12.

1014 Traité de la pratique des Billets entre
les Négocians. *Mons.* 1684. *in* 12.

1015 Traité du Commerce de Terre & de Mer.
Paris. 1719. 2 *vol. in* 12.

1016 Conſidérations ſur le Commerce & ſur
l'Argent, par Law. *La Haye.* 1720. *in-*
12.

1017 Eſſais politiques ſur le Commerce. 1734.
in 12.

1018 Inſtruction ſur les Lettres de Change &
ſur les Billets Négociables. *Blois.* 1736. *in-*
12.

1019 Le Négociant du Pays-Bas, ou Tarif
de tous les Comptes du Commerce. *Brux.*
1731. *in* 12.

1020 Réfléxions politiques ſur les Finances &
le Commerce. *La Haye.* 1738. 2 *vol. in-*
12.

1021 Réfléxions politiques ſur les Finances
le Commerce. *La Haye.* 1738. 2 *vol.* 12.

1022 Dictionnaire des Finances. *Paris.* 1740. *in* 12.

1023 Instruction sur le fait des Finances par le Grand. *Paris.* 1583. *in* 12.

1024 Institution de la Chambre des Comptes du Roy en Brabant par le Roy. *Brux.* 1716. *br. in* 12.

1025 Traité des Bois par Caron. *Paris.* 1717. 2 *vol. in* 8.

PRATICIENS.

1026 Dictionnaire de Droit & de Pratique. *Paris.* 1707. *in* 4.

1027 La Pratique de Mazuere. *Paris.* 1587. *in*-4°.

1028 L'Ordre, Formalité & Instruction Judiciaire par Ayrault. *Paris.* 1588. *in* 4.

1029 La Pratique Judiciaire d'Imbert. *Paris.* 1612. *in* 4.

1030 Le Praticien François par Desmaisons. *Paris.* 1666. *in*-4.

1031 Le Praticien François par Lange. *Paris.* 1729. 2 *vol. in* 4.

1032 Instructions sur les Procedures Civiles & Criminelles du Parlement & autres Jurisdictions. *Paris.* 1725. *in* 12.

1033 Stile Civil & Criminel par Gauret. *Paris.* 1693 & 1697. 2 *vol. in* 4.

1034 Le Stile de la Chancellerie par Dufault. *Paris.* 1666. *in* 4.

1035 Le Parfait Procureur par Duval. *Lyon.* 1705. 2 *vol. in* 4.

1036 Reglemens des Procureurs. *Paris.* 1725. *in* 4.

1037 Stile du Châtelet par Defmarquets. *Paris.* 1746. *in* 4.

1038 La Science des Notaires par de Ferriere. *Paris.* 1728. 2 *vol. in* 4.

1039 Le Notaire Belgique par Huygens. *Brux.* 1728. *in* 12.

1040 Les Inftituts du Droit Confulaire par Toubeau. *Paris.* 1700. *in* 4.

1041 Le Praticien des Juges & Confuls. *Paris.* 1742. *in* 4.

1042 Le Parfait Négociant par Savary. *Paris,* 1721. 2 *vol. in* 4.

T R A I T É S

particuliers Latins.

1043 **L**EXICON particularum Juris, autore Stranchio. *Francof.* 1671. *in* 4.

1044 Struvii Syntagma Juris Civilis. *Jenæ.* 1682. 4 *vol. in* 4.

1045 Bellonius de Jure Accrefcendi. *Thorini.* 1637. 2 *vol. in fol.*

1046 Tractatus de Jure Accrefcendi, autore Ray. Pauci. *Parif.* 1685. *in* 12.

1047 Joan. Griphiander de Arte acquirendi & confervandi Patrimonii. *Brœmæ.* 1662. *in* 4.

1048 Primitiæ Actorum in causa Ducisse Au-
relianensis contra S. E. Palatinum. 1700. in
4.

1049 Joan. Asande de actionum cessione &
& de prohibita rerum alienatione. *Leovard.*
1657. *in* 4.

1050 Tractatus de Actionibus Illustrium Con-
sultorum. *Lugd.* 1567. *in fol.*

1051 Gaspa. Mazii Tractatus de Actionibus,
Ingolstadii. 1643. *in* 4.

1052 Bacovius de Actionibus. *Francof.* 1623.
in 4.

1053 Joan. Hæser de Actis Judicialibus. *Her-
bonæ.* 1689. *in* 4.

1054 Husson de Advocato. *Paris.* 1665. *in*
4.

1055 Dida. de Narbona Annales, Tractatus Ju-
ris de Actate ad omnes humanos actus re-
quisita. *Mantuæ.* 1642. *in fol.*

1056 Joan. Surdus de Alimentis. *Venetiis.* 1643.
in fol.

1057 Tractatus de Universo Alluviorum Jure
aut. Aymo. *Jenæ.* 1675. *in* 4.

1058 Gasp. Roderici Tractatus de annuis &
menstruis reditibus. *Lugd.* 1672. *in fol.*

1056 Joan. Clezelii Tractatus de Appellationi-
bus. *Francof.* 1660. *in* 4.

1060 Tractatus de Arbitriis & Compromissis
Lanfranci de Oriano. *Col. Agrip.* 1590. *in*
8.

1061 Tractatus Assecurationis & Cautionis ex
diversis. J. Con. decerpti. *Lugd.* 1572. *in fol.*

1062 Robert. Lancellotti, Tractatus de Atten-
tatis & Innovatis. *Francof.* 1652. *in fol.*

1063 Ant. Matthæus de Auctionibus. *Brux.* 1679. *in* 4.

1064 Pet. Sarpus de Jure Azylorum. *Lugd. Batt.* 1622. *in* 4.

1065 Geminianus de Bannitis. *Lugd.* 1550. *in* 8.

1066 De Beneficio Inventarii Tractatus varii. *Taurini.* 1672. *in fol.*

1067 Joan. Lopes Tractatus de Bonis Constante Matrim. & de Verbor. Obligat. *Col. Agrip.* 1590. *in* 8.

1068 Novarii Tractatus de Insolutum Bonorum Datione. *Neapoli.* 1636. *in fol.*

1069 Pinellus de Bonis Maternis. *Francof.* 1614. *in* 8. *double.*

1070 Tract. de Cambiis autore Raph. de Turri. *Franc.* 1645. *in fol.*

1071 Herculaneus de Cautione de non offendendo. *Venetiis.* 1571. *in* 8.

1072 Tractatus Varii de Cautelis. *Franc.* 1575. *in fol.*

1073 De Olea Tractatus de Cessione Jurium & Actionum. *Venetii..* 1664. *in fol.*

1074 Feider. Martini Commentarius de Jure Censuum & Aliorum. *Col. Agrip.* 1660. *in* 4.

1075 Tractatus Varii de Clausulis. *Parif.* 1515. *in* 4.

1079 Vanderanus de Privilegiis Creditorum. *Antuerp.* 1560. *in* 8.

1077 Sigonius de Antiquo Jure Civium Romanorum. *Hannoviæ.* 1609. *in fol.*

1078 Philip. Bruffelinus de Conditionibus. *Brux.* 1959. *in* 8.

1079 Chrift. Rodemburgi Tractatus de Jure conjugum. *Trajeckt.* 1653. *in* 4.

1080 Gentilis de Conjurationibus, de Bonis Maternis, & de fecundis Nuptiis. *Hannoviæ.* 1602. *in* 8.

1081 Argelus de legitimo contradictore. *Genevæ.* 1661. *in fol.*

1082 Manzyus de Contractibus. *Col. Agrip.* 1633. *in* 8.

1083 Salteur de Contractibus, Teftamentis & Tutelis. *Camberii.* 1637. *in* 8.

1084 Mantica de Tacitis & Ambiguis Conventionibus. *Romæ.* 1609. 2 *vol. in fol.*

1085 Mantica de Conjecturis ultimarum voluntatum. *Francof.* 1612. *in fol.*

1086 Ulricus Huberus de Jure Civitatis. *Franequeræ.* 1684. *in* 12.

1087 Hen. Brouwer de Jure Connubiorum. *Amft.* 1666. *in* 4.

1088 J. B. Staibani Tractatus de intereffe contractuum & ultimarum voluntatum. *Col. Agrip.* 1722. *in* 4.

1089 Klockii Tractatus de Contributionibus. *Col. Agrip.* 1699. *in fol.*

1090 Rodriguez Tractatus de Concurfu & Privilegiis creditorum in bonis debitorum. *Genevæ.* 1665. *in fol.*

1091 Ant. à Mara Tractatus de Concurfu Creditorum foro civili formando. *Brunf.* 1689. *in* 4.

1092 Phili. Richter, Tractatus de Jure & Privilegiis creditorum. *Gene.* 1668. *in* 4.

1093 Freiderici Eggelingi de concursu & cumulatione actionum liber. *Inæ.* 1688. *in* 4.

1094 Philipp. Alberti Tractatus de Regali conducendi Jure. *Noremb.* 1672. *in* 8.

1095 Franc. de Angelis Tractatus de Confesfionibus. *Mevaniæ.* 1679. *in fol.*

1096 Brissonnius de Jure Connubiorum & de Ritu Nuptiarum. *Amst.* 1672. *in* 8.

1097 Balt. Speckhun, Tractatus de Cura & Culpa.

Henric. Newelhanus de Juribus hac Privilegiis viduitatis. *Martisburgi* 1673. *in* 4.

1098 Molfefii Tractatus de utraque hominuin difpofitione inter viros & in morte. *Neapoli.* 1622. *in fol.*

1099 Pet. Sanz de Divifione Bonorum. *Francof.* 1607. *in* 4.

1100 Barbatus de Divifione fructuum. *Neapoli.* 1638. *in fol.*

1101 Nicol. Henelii Tractatus de Jure dotalicii. *Francof.* 1660. *in* 4.

1102 Celfi Bargalii Tractatus de Dolo & Culpa. *Norimb.* 1700. *in fol.*

1103 Tractatus Variorum J. Cauf. de Dote. *Lugd.* 1585. *in-fol.*

1104 Valla de Rebus Dubiis. *Parif.* 1667. *in* 4.

1105 Annæi Roberti res Judicatæ. *Parif.* 1577. *in* 4.

1106 Rodriguez Tractatus de executione Sententiæ. *Matriti. in fol.*

1107 De Graffis Tractatus de Exceptionibus. *Venetiis,* 1601. *in* 4.

1108 Pau. Galli Tractatus de exceptionibus. *Genevæ*. 1619. *in* 4.

1109 Garsias de Expensis & Meliorationibus. *Amst.* 1666. *in* 8.

1110 Girardi Noodt Julius-Paulus, sive de Partûs Expositione & de forma emendandi Doli Mali, Libri 2. *Lugd. Bat.* 1710. *in* 4.

1111 Ovidius de Amicis de Jure Emphiteutico. *Romæ.* 1622. *in fol.*

1112 Lucæ Vande Poll de Exhæredatione Liber. *Ultrajecti.* 1712. *in* 4.

1113 Schilteri Introductio ad Jus feudale Germanicum & Longobardicum. *Argentorat.* 1721. *in* 8.

1114 Joh. Rhetii Commentatio in Jus feudale commune. *Francof.* 1673. *in* 4.

1115 Georg. Adami Struvii Syntagma Juris feudalis. *Francof.* 1717. *in* 4.

1116 Gasp. Hen. Hornii Jurisprudentia feudalis. *Wittebergæ.* 1720. *in* 4.

1117 Guill. Itteri de Feudis Imperii commentatio. *Francof.* 1714. *in* 8.

1118 Schilteri & Struvii Syntagma Juris feudalis. *Argentorati.* 1704. *in* 4.

1119 Jo. Schilterus de Paragio & Apanagio. Item de Feudis. *Argentorat.* 1701. *in* 4.

1120 Joh. Schilteri Jus feudale Saxonicum. 1695. *in* 4.

1121 Mincuccius de feudis, Bat. de Feudis, &c. *Argentorati.* 1695. *in* 4.

1122 Notæ & Restitutiones ad Commentarium Caroli Molinæi de Feudis autore Rassicod. *Paris.* 1739. *in* 4.

1123 Gab. de Bellis, de Feudis, de Jure facro, de Dilictis, de Ufufructu. *Lugduni.* 1646. *in 4.*

1124 Gudelinus de Jure noviffimo & de feudis. Zoefius de feudis. *Arnhemii.* 1643. *in 4.*

1125 Ant. Dominici de Prærogativa allodiorum. *Parif.* 1645. *Double. in* 4.

1126 Aroniental de Feudis. *Col. Allob.* 1610. *in fol.*

1127 De Marinis de generibus & qualitate feudorum. 1582. *Col. Agrip. in* 8.

1128 Jacob. Alvarotus de feudis. *Franc.* 1570. *in fol.*

1129 Camerarius de prohibita feudi alienatione. *Bafilea.* 1566. *in* 8.

1130 Ferrarius de Feudis. *Lugduni.* 1555. *in 8.*

1131 Galleoti Refponfa Fifcalia. *Genevæ.* 1686. *in fol.*

1132 Altefferra de Fictionibus Juris. *Par.* 1659. *double. in* 4.

1133 Fritfchii Jus Fluviaticum. *Jenæ.* 1672. *in* 4.

1134 Math. Lagunez Tractatus de Fructibus. *Lugd.* 1702. *in fol.*

1135 Oldemburgicus de Fideijufforibus. *Taurini.* 1615. *in fol.*

1136 Joan. Bonifacius de Furtis. *Vincentiæ.* 1620. *in* 4.

1137 De Waldis Tractatus de Duobus Fratribus & aliis fociis. *Col. Agrip.* 1586. *in* 8.

1138 Autores Finium regundorum cum notis Rigaltii. *Parif.* 1614. *in* 4.

1139 Ir. de Monte Tractatus de Finibus regundis. *Col. Agrip.* 1614. *in* 8.

1140 Tractatus de Finibus regundis aut. de Monte Brixiano. *Lugd.* 1573. *in* 8.

1141 Joan. Vouet de Ercifcunda familia Liber. *Brux.* 1717. *in* 8.

1142 Phil. Knipfchidt Tractatus de Fideicommiffis familiarum nobilium. *Coloniæ.* 1696. *in* 4. *double.*

1143 And. Capanus de Fideicommiffo mafculino. *Venetiis.* 1650. *in* 4.

1144 Lupol de Bebemburg Tractatus de Juribus Regni & Imperii Romanorum. *Argento.* 1624. *in* 4.

1145 Briffonius de Jure Civili, Antiquitatibus, & de Adulteriis. *Lugd. Bat.* 1679 *in* 8.

1146 Tractatus de Prohibitis verbalium injuriarum retortionibus. *Francof.* 1675. *in* 4.

1147 Ant. Nigri Tractatus de Poftremis Rei Judicatæ folemnibus. *Romæ.* 1644. *in fol.*

1148 Jac. Lectius de Publicis Judiciis. *Francof.* 1597. *in* 8.

1149 Gryphiander de Infulis. *Francof.* 1623. *in* 4.

1150 Theod. Hocpingi Tractatus de Jure Infignium. *Norimberg.* 1642. *in fol.*

1151 Plotius de in Litem Jure Jurando. *Ofnaburgi.* 1676. *in* 4.

1152 Tractatus de Juramento Calumniæ, Antonii del re, *Ofnaburgi.* 1677. *in* 4.

1153 Scip. Gentilis de Jurifdictione, Libri 3. *Francof.* 1601. *in* 8.

1154 Erneft Goekelius de Jurifdictione fu-
prema.

Georgius de Foro compendente. *Ulmæ.* 1682.
in 4.

1155 Tractatus de Jurifdictione & Jure Mu-
nicipiorum, autore Conrado. *Col. Agrip.*
1692. *in* 4.

1156 Joan. Verftegen Differtationes de Jurif-
dictione, Mixto & Mero Imperio, de Ser-
vitutibus, de Pactis. *Novio-Magi.* 1665. *in*
8

1157 Solfona de Laudimiis Tractatus. *Taurini.*
1629. *in fol.*

1158 Merlinus de Legitima. *Coloniæ.* 1634. *in-*
fol.

1159. Pet. Pacioni Tractatus de Locatione &
Conductione. *Romæ.* 1677. *in fol.*

1160 Vinc. Caroccii Tractatus de Locatione
& Conductione. *Spiræ.* 1631. *in* 8.

1161 Francif. de Roye de Miffis Dominicis.
Andegavi. 1672. *in* 4.

1162 Pereyra de Caftro de Manu Regia. *Lugd.*
1673. *in fol.*

1163 Pau. Voet Difquifitio Juridica de Rebus
Mobilium & Immobilium. *Trajecti.* 1714.
in 8.

1164 Poftii Tractatus de Manutenendo. *Lugd.*
1647. *in fol.*

1165 J. Gothofredi Differtationes de Mutatione
monetæ, & defunctione & œqualitate in
Mutuo. 1645. *in* 8.

1166 Difquifitio de Mutuo Aut. S. D. B. *Lugd.*
Bat. 1645. *in* 8.

1167 Salmazius de Mutuo. *Lugd. Bat.* 1640.
in 8.

1168 Decisiones Rotæ Genuæ de Mercatura.
Venetiis. 1582. *in fol.*

1169 Stracca de Mercatura. *Amst.* 1669. *in fol.*

1170 Dissertatio de Jure Magistratis Grafwinckeli. *Hagæ Comit.* 1642. *in* 4.

1171 J. Vouet de Jure Militari Liber. *Brux.* 1728. *in* 8.

1172 Joan. Herengii Tractatus de Molendinis. *Francof.* 1663. *in* 4.

1173 Ant. Matthæus de Nobilitate. *Amst.* 1686. *in* 4.

1174 Disputatio de Manu Mortua. *Vesuntiæ.* 1720. *in* 8.

1175 Hodierna Practicæ Questiones de secundis Nuptiis. *Neapoli.* 1636. *in fol.*

1176 J. B. Hodierna Practicæ Questiones de secundis Nuptiis. *Amst.* 1660. *in* 8.

1177 Albericus Gentilis de Nuptiis, de Maleficiis, de Spectris, &c. *Hannoviæ.* 1714. *in* 8.

1178 A Someren Tractatus de Jure Novercarum. *Trajecti.* 1668. *in* 8.

1179 Paleotus de notis Spurifque filiis. *Bononiæ.* 1550. *in fol.*

1180 Bockelius de Publicis Judiciis. *Francof.* 1628. *in* 4.

1180 Damhouderii Patrocinium Pupillorum. *Brugiis.* 1544. *in* 8.

1182 Tractatus de Remediis contra præjudiciales sententias, vel damnosas executiones autore vil. Carroccio. *Col. Allob.* 1521. *in-*4.

1183 Vivianus de Jure Patronatus. *Genevæ.* 1673. *in fol.*

1184 Zucardus de Miffione in Poffeffionem. *Col. Agrip.* 1587. *in* 8.

1185 Tractatus de Pignoribus & Hipothecis. Aut. Paucy. *Parif.* 1687. *in* 12.

1186 Merlinus de Pignoribus & Hipothecis. *Genevæ.* 1661. *in fol.*

1187 Balduinus de Pignoribus & Hipothecis. *Bafileæ. in* 8.

1188 Negufantius de Pignoribus & Hipothecis. *Col. Agrip.* 1656 .*in* 8.

1189 Baldus de Præfcriptionibus. *Lugd.* 1565. *in* 8.

1190 Neoftradius de Pactis ante Nuptialibus. *Hagæ Comit.* 1667. *in* 4.

1191 Fontanella de Pactis Nuptialibus. *Lugd.* 1667. 2 *vol. in fol.*

1192 Kohl Tractatus de Pactis Dotalibus de Succeffione conjugum. *Lipfiæ.* 1650. *in-*4.

1193. Enenkelius de Privilegiis Militum & Veteranorum. *Francof.* 1607. *in* 4.

1194 Mafcardus de Probationibus. *Francof.* 1593. 2 *vol. in fol.*

1195 Darninfpergerus de Probationibus, &c. *Conftantiæ.* 1606. *in* 8.

1196 Georg. Naræ & Joan. Romati Tractatus de Pactis. *Col. Agrip.* 1593. *in* 8.

1198 Mait. de Agufellis Tractatus de Proteftationibus & de Exceptionibus. *Col. Agrip.* 1689. *in* 8.

1198 Rogerius de Proteſtatione. *Norimbergæ.* 1658. *in* 8.

1199 Menochius de Præſumptionibus. *Lugd.* 1608. *in fol.*

1200 Menochius de Arbitrariis JudicumQuæſtionibus & Cauſis. *Col. Agrip.* 1615. *in fol.*

1201 Menochius de adipiſcenda Poſſeſſione. *Genevæ.* 1629 *in fol.*

1202 Vantii Tractatus de Nullitatibus Procefſuum Accintinciarum. *Col. Agrip.* 1614. *in* 8.

1203 Wackerus de Jure præcedentiæ in dignitate & ſucceſſ. de Majoratu & de Jure repreſentationis. *Francof.* 1619. *in* 4.

1204 Seraphinus de Seraphinis de Privilegiis Juramentorum. *Francof.* 1679. *in fol.*

1205 Commentarius de Privilegio Aut. Curick. *Dantiſci.* 1652. *in* 8.

1206 Fernandez de Otero de Officialibus de Pafcuis & Jure paſcendi.

De Hayora de Portionibus Bonorum Communium. *Lugd.* 1677. *in fol.*

1207 Gronovius de Pecunia Vetere. *Lugd. Bat.* 1691. *in* 4.

1208 Tractatus de acquirenda Poſſeſſione. Sebaſt. Medicis. *Col. Agrip.* 1587. *in* 8.

1209 De Eſcobar de ratiociniis adminiſtratorum & computationibus. *Goudæ.* 1662. *in* 8.

1210 Awezel Tractatus de Remissione Mercedis. *Amst.* 1679. *in* 8.

1211 De Bocaciis Tractatus de Remissionibus & Litteris Remissioralibus. *Col. Agrip.* 1589. *in* 8.

1212 Schultengii Differtationes de Recufatione Judicis, & pro refcriptis Imperatorum Romanorum. *Lugd. Bat.* 1714. *in* 4.

1213 Pau. Gallerati Tractatus de Renuntiationibus. *Mediolani.* 1624. 2 *vol. in fol.*

1214 Sauterii Praxis Banccæ Ruptorum. *Lugd. Bat.* 161). *in* 8.

1215 Gifeberti Tractatus de Reconventione. Burgundus de Periculis Culpis. *Col.* 1603. *in* 8.

1216 Afommaren Tractatus de Reprefentatione & de Jure Novercarum. *Trajecti.* 1676. *in* 8.

1217 Joan. Heroldts Tractatus de Jure Reprefentationis & Tranfpofitionis. *Halæ Saxon.* 1669. *in* 4.

1218 Pinellus de refcindenda venditione. *Col. Agrip.* 1573. *in* 8.

1219 Pinellus de refcindenda venditione. *Rinthell.* 1661. *in* 4.

1220 Cavalcanus de Ultimis Volontatibus & de Contractibus. *Francof.* 1602. *in fol.*

1221 Salmazius de Ufuris. *Lugd. Bat.* 1638. *in* 8.

1222 Salmazius de Modo Ufurarum. *Lugd. Bat.* 1639. *in* 8.

1223 Salmazius de Fœncre Trapezitico. *Lugd. Bat.* 1640. *in* 8.

1224

1224 Honoratus Leotardus de Uſuris & Con-
traɛtibus uſurariis. *Lugd.* 1682. *in fol.*

1225 Furſtenerus de Jure Suprematus Princi-
pum Germaniæ. 1677. *in* 8.

1226 Furſtenerus de Jure Suprematus ac le-
gationis Principum Germaniæ. 1678. *in-*
8.

1227 Groſſus de Succeſſionibus ab inteſtato.
Neapoli. 1678. *in fol.*

1228 Traɛtatus varii de Succeſſionibus, de Teſ-
tamentis, &c. *Col. Agrip.* 1625. *in* 8.

1229 Pau. Voet de Statutis, eorumque con-
curſu. *Brux.* 1715. *in* 12.

1230 Vaſquius de Succeſſionibus. *Francof.* 1610.
in fol.

1231 Mich. Graſſy Sententiæ de Succeſſioni-
bus. *Hagæ-Com.* 1639. *in fol.*

1232 Marta de Succeſſionibus. *Lugd.* 1623. *in-*
fol.

1233 De Barry Traɛtatus de Succeſſionibus.
Lugd. 1671. *in fol.*

1234 Muſculus de Succeſſione Conventionali.
Oſnaburgi. 1675. *in* 4.

1235 Nic. Beteſii de Statutis, Paɛtis & Con-
ſuetudinibus familiarum illuſtrium Traɛtatus.
Argent. 1699. *in* 4.

1236. Cœpola de Servitutibus. *Amſt.* 1686.
in 4.

1237 Cœpola de Servitutibus, de Cautelis, de Si-
mulatione contraɛtuum, & de ſervis fugiti-
vis. 1457. *in* 4.

1238 Pet. Clafenii Traɛtatus de Controverſa
ſervitutum Materia. *Lovanii.* 1622. *in* 4.

M

1239 Pyr. Mori Tractatus de folutionibus, obla-tionibus & retentionibus. *Francof.* 1631. *in-* 8.

1240 J. B. Pontanus de Spolio. *Francof.* 1686. *in* 4.

1241 Spener de Dativa Tutela fubvafallorum S. R. Imperii. *Halæ Magdeburg.* 1720. *in-* 4.

1242 Knichen de Sublimi & Regio Terri-torii jure. *Francof.* 1600. *in* 4.

1243 Knichen de Jure Territorii. *Francof.* 1688. *in* 8.

1244 Cravetta de Antiquitatibus temporum & de mulierum indemnitatibus. *Lugd.* 1581. *in-* 8.

1245 Cofta de Teftamentis. *Salamant.* 1569. *in-* *fol.*

1246 Rubeus de inofficiofi Teftamenti que-rela. *Spiræ.* 1583. *in* 8.

1247 Didacus Spino deTeftamentis. *Metymnæ* *à Campo.* 1593. *in fol.*

1248 Durantus de Arte teftandi & cautelis ul-timarum voluntatum Nemefis Karulina. *Francof.* 1597. *in* 8.

1249 Benedictus de Teftamentis. *Lugd.* 1544. *in fol.*

1250 Benedictus de Teftamentis, cum notis Ranchini. *Lugd.* 1582. *in fol.*

1251 Manzius de Teftamentis. *Auguft. Vinde-* *lic.* 1680. *in fol.*

1252 Gothofredus de Tutelis cum notis Fre-heri. *Ildebergæ.* 1611. *in* 4.

1253 Montanus de Tutelis & Curationibus. *Francof.* 1608. *in* 12.

1254 Thomafii Decades tres de Tutoribus, &c. *Patavii.* 1642. *in fol.*

1255 Valeron Tractatus de Tranfactionibus. *Antuerp.* 1681. *in* 4.

1256 Urceoli Tractatus de Tranfactionibus. *Col. Allob.* 1701. *in fol.*

1257 Antonellus de Tempore Legali. *Jenæ.* 1672. *in fol.*

1258 Bulengerus de Theatro. *Tricaffibus* 1603. *in* 8.

DROIT ÉTRANGER.

1259 SInopfis Juris Publici, autore Bec-kers. 1640. *in* 12.

1260 Majeftas Imperatoria Juri fuo afferta à Bern. Multz. *Norimbergæ.* 1714. *in fol.*

1261 De Bebemburg Tractatus de Juribus Regni & Imperii Romanorum. *Heidelber-giæ.* 1664. *in* 4.

1262 De Statutis Imperii Germanici illuft. de Monzambano. *Lipfiæ.* 1682. *in* 8.

1263 Hermanni Correngii Opus de finibus Imperii Germanici. *Francof.* 1693. 2 *vol. in-*4.

1264 Herveti Conftitutiones Imperiales cum notis Gothofredi. *Hannoviæ.* 1606. *in fol.*

1265 Goldafti Conftitutiones Imperiales. *Franc.* 1713. 4 *vol. in* 2. *in fol.*

1266 Goldasti Monarchia Romani Imperii. *Hannoviæ.* 1611. 3 *vol. in fol.*

1267 Goldasti Politica Imperialia. *Francof.* 1614. *in fol.*

1268 Conradi Censeri Germanicarum Legum veterum dissertatio Spilotica. 1682. *in* 8.

1269 Nic. de Lyncker Libertas Statum Imperii. *Jenæ.* 1711. *in fol.*

1270 Tractatus Polit. Hist. Juridic. Philippi Knipschildts, de Civitatum Imperialium Juribus & Privilegiis. *Ulmæ.* 1657. *in fol.*

1271 Werbeuzy Jus Regni Ungariæ. *Viennæ.* 1581. *in fol.*

1272 Corpus Juris Saxonici. *Drezden.* 1673. 2 *vol. in fol.*

1273 Déduction concernant les droits de Succession & de Substitution de l'Electorat de Baviere aux Royaumes de Hongrie & de Boheme. *Munick.* 1741. *in fol.*

1274 Vindiciæ Causæ Palatinæ autore à Rusdorf. 1640. *in fol.*

1275 Statuta Urbis Romæ. *Romæ.* 1580. *in fol.*

1276 Cacheranii Decisiones Pedemontanenses. *Taur.* 1581. *in fol.*

1277 Ant. Tessairi Decisiones Senatûs Pedemontani. *Francof.* 1597. *in* 4.

1278 Catelliani Cotte Statuta Mediolanensis. *Mediolani.* 1552. *in fol.*

1279 Lassiete Partidas *en Madrid* 1611. 2 *vol. in fol.*

1280 De Salzedo Commentaria in Leges Hispaniæ. *Mantuæ.* 1643. *in fol.*

1281 Alphonfi de Azevedo Commentaria in Hifpaniæ Regias Conftitutiones. *Duaci* 1612. 6 *vol. in* 2. *in fol.*

Idem *double, 6 vol. en* 3.

1282 Joanni del Caftillo Opera omnia. *Lugd.* 1658. 8 *vol. en* 5. *in fol.*

1283 Politica para Corregidores autore Caf. de Bava Dilla. *En Madrid.* 1649. 2 *vol. in fol.*

1284 De Molina de Hifpanorum Primogeniorum origine ac natura. *Lugd.* 1588. *in fol.*

1285 Additiones de Hifpaniarum Primogeniis origine. *Lugd.* 1657. *in fol.*

1286 Ameres Tractatus de Majoratibus & Meliorationibus Hifpaniæ. *Lugd.* 1678. *in fol.*

1287 Joannes Torre de Succeffione in Majoratibus & Primogenituris Italiæ. *Lugd.* 1688. 3 *vol. in fol.*

1288 De Valdaura Obfervationes & Decifiones Regni Arragoniæ. *Lugd.* 1730. *in fol.*

1289 Vargas Machuga Decifiones Regni Arragoniæ. *Neapoli.* 1676. *in fol. double.*

1290 Confiderationes Practicas Para. de Arragonâ, autore de Vargas Machuga. *En Napoles.* 1668. 2 *vol. in fol.*

1291 Jofep. de Sefe Decifiones Regni Arragoniæ. *Cæfar Auguftæ.* 1611. *in fol.*

1292 Jofep. de Sefe Tractatus de Inimitionibus & executione Privilegiata Juftitiæ Arragonum. *Francof.* 1615. *in fol.*

1293 Codex Forum obfervationum Regni Arragoniæ Aug. Fr. Villalba. *Cæfar Aug.* 1727. *in fol.*

1294 Fueras y obfervanceas del. Reyno de Aragon. *En Caragoca.* 1624. *in fol.*

1295 Joan. de Solorzano de Jure Indiarum. *Madrirti.* 1629. *in fol.*

1296 Mic. de Cortidæ Decifiones Cathaloniæ. *Lugd.* 1677. *in fol.*

1297 Fontanellæ Decifiones Cathaloniæ. *Lugd.* 1668. *in fol.*

1298 Conftitutiones de Cathalonia. *Barcelon.* 1588. *in fol.*

1299 Montani Controverfiæ Forenfes ad Confuetudines Neapolitanas. *Neapoli.* 1643. *in fol.*

1300 Promptuarium Juris Neapolitani, autore Brilla. *Neapoli.* 1678. *in fol.*

1301 De Regni Neapolitani Jure pro Tremellio Duce. *Parif.* 1648. *in fol.*

1302 Ferrarius de Succeffione filiorum in Reg. Neap. *Neapolitano.* 1736. *in fol.*

1303 Pragmatica Regni Neapolitani. *Neapoli.* 1715. *3 vol. in fol.*

1304 Ant. Barra Controverfiæ Forenfes Regni Neapolitani. *Neapoli.* 1680. *in fol.*

1305 Urfinus de Succeffione feudorum Regni Neapolitani. *Neapoli.* 1639. *in fol.*

1306 Mathæi de Afflictis Decif. Regni Neapolitani. *Lugd.* 1574. *in fol.*

1307 Conftitutiones Regni Siciliæ, per Bap. Muzillum. *Venetiis.* 1570. *in fol.*

1308 Jof. Urfeoli Decifiones Florentinæ. *Florentiæ.* 1694. *in fol.*

1309 Statuta Civitatis Lucenfis. *Lucæ.* 1539. *in fol.*

1390 Petri Bellugæ Speculum Principum.
  Brux. 1655. *in fol.*

1311 Jus fuccedendi in Lufitaniæ Regno.
  Parif. 1641. *in fol.*

1312 Georg. de Cabedo, Decifiones Regni
  Lufitaniæ. *Ant.* 1620. *in fol.*

1313 De Bracton de Legibus & Confuetudini-
  bus Angliæ. *Lond.* 1569. *in fol.*

1314 Regiam Majeftatem Scotiæ cum notis
  Skenæi. *Lond.* 1613. *in fol.*

1315 Proceffus Judiciarius in caufa Georgii
  Comiti in Wifnicz & Jaroflaw Lubomiero-
  ki. *Varfaviæ.* 1664. *in fol.*

SCIENCES ET ARTS.

PHILOSOPHIE,

Morale & Politique.

1316 PUrchotii Inftitutiones Philofophicæ. *Lugd.* 1733. *in* 4.

1317 Cours de Sciences par le P. Buffier. *Paris.* 1732. *in fol.*

1318 La Logique ou l'Art de penfer par Mrs. de Port Royal. *Paris.* 1714. *in* 12.

1319 Le Manuel d'Epictete, avec des Réfléxions tirées de la morale de l'Evangile, par M. Coquelin. *Paris.* 1688. *in* 12.

320 Examen du Pyrronifme par de Crouzas, *La Haye.* 1733. *in fol.*

1321 La Republique de Bodin. *Paris.* 1578. *in fol.*

1322 Les Oeuvres de Platon, trad. par Dacier. *Paris.* 1701. 2 *vol. in* 12.

1323 L'Eutopie de Thomas Morus. *Leyde.* 1715. *in* 12.

1324 Theod. Cranen Economia Animalis. *Amft.* 1703. *in* 12.

1325 Pfychologie, ou Traité fur l'Ame par M. Walf. *Amft.* 1745. *in* 12.

1326

1326 La Certitude des Connoiſſances humaines par M. de Silhon. *Paris.* 1661. *in* 4.

1327 De la Science du Monde par M. de la Callieres. *Paris.* 1717. *in* 12.

1328 Eſſay ſur les Erreurs Populaires de Brown. *Paris.* 1738. 2 *vol. in* 12.

1329 Traité du vrai Mérite de l'Homme, par le Maître de Claville. *Paris.* 1737. 2 *vol. in* 12.

1330 Eſſay ſur l'Homme par Pope. *Londres.* 1736. *in* 12.

1331 Recherches ſur l'origine des idées que nous avons de la beauté & de la vertu. *Amſt.* 1749. 2 *vol. en un. in* 12.

1332 Eſſay ſur le Mérite & la Vertu, par S * * * *Amſt.* 1745. *in* 12.

1333 Les Caraĉteres de Theophraſte par M. de la Bruyere. *Paris.* 1694. *in* 12.

1334 Les Caraĉteres de Theophraſte par la Bruyere, & les Notes de M. Coſte. *Paris.* 1740. 2 *vol. in* 12.

1335 Réfléxions Morales de l'Empereur Marc-Antonin, avec des Remarques de M. & Mad. d'Acier. *Paris.* 1691. 2 *vol. in* 12.

1336 Réfléxions Morales de M. de la Roche-Foucault, avec les Notes de M. Amelot de la Houſſaye. *Paris.* 1743. *in* 12.

L'Economie ou la Regle de la vie humaine par Deſprefais. *Londres.*1735. *in* 12. *vol. en un.*

1337 Penſées de M. le Comte d'Oxenſtirn. *La Haye.* 1749. 2 *vol. en un. in* 12.

1338 Conſidérations ſur les mœurs de ce ſiécle. *Amſt.* 1751. *in* 12.

N

1339 Le Spectateur ou le Socrate moderne, trad. de l'Anglois. *Amst.* (*Trevoux.*) 1741. 6 *vol. in* 12.

1340 Essais sur la nécessité & les moyens de plaire. *Paris.* 1738. *in* 12.

1341 Les Vertus du beau Sexe, par M. F. D. E. *** *La Haye.* 1733. *in* 12.

1342 Abrégé de l'Essay de Lock sur l'entendement humain, trad. par Bosset. *Lond.* 1746. *in* 12.

1343 Essais sur l'entendement humain, par M. Lock, trad. par M. Coste. *Amsterdam.* 1742. *in* 4.

1344 Commentariorum de Regno aut quovis principatu rectè & tranquillè administrando, Libri 3. *Argent.* 1630. *in*-12.

1345 Le Ministre d'Etat, par de Sillhon. *Col.* 1648. *in*-12.

1346 Discours sur les moyens de bien gouverner un Etat ou un Royaume, par Machiavel. 1579. *in* 8.

1347 Principe du Droit Politique. *Amst.* 1751. 12.

1348 Le Politique du tems. *Paris.* 1644. *in*-12.

1349 Les devoirs de l'Homme & du Citoyen Puffendorf, avec les Notes de Barbeyrac. *Lond.* 1741. 2 *vol. in* 12.

1350 L'Homme de Cour de Baltazard Gratian, avec les Notes de M. Amelot de la Houssaye. *Paris.* 1684. *in* 4.

1351 La Science des Personnes de la Cour,

de l'Epée & de la Robe, par de Chevigni, re-
vûe par de Limiers. *Amst.* 1723. 4 *vol. in-*
12.

1352 L'Ecole du Gentilhomme, ou entretiens
du Chevalier de B. avec le Comte son neveu,
Laufanne. 1754. *in* 12.

1353 Anti-Machiavel, ou Critique du Prince
de Machiavel, publié par de Voltaire. *Amst.*
1741. *in* 8.

1354 Examen du Prince de Machiavel. *La
Haye.* 1741. *in* 8.

1355 Les Principes de la Philofophie par Re-
né Defcartes. *Paris.* 1723. *in* 12.

1356 Commentaires fur la Géométrie de Def-
cartes, par le P. Rabuel. *Lyon.* 1730. *in-*
4.

1357 Les Méditations Métaphyfiques de René
Defcartes. *Paris.* 1724. 2 *vol. in* 12.

1358 Difcours de la Méthode pour bien con-
duire fa raifon, & chercher la vérité dans les
fciences, par René Defcartes. *Paris.* 1724. 2
vol. in 12.

1359 Les Paffions de l'Ame. Le Monde, ou
Traité de la Lumiere, & la Géométrie par
René Defcartes. *Paris.* 1726. *in* 12.

1360 Difcours de la Méthode de Defcartes.
Paris. 1668. *in* 4.

1361 L'Homme de René Defcartes, avec les
Remarques de Louis de la Forge. *Paris.*
1729. *in* 12.

1362 Lettres de M. Defcartes. *Paris.* 1724. 6
vol. in 12.

HISTOIRE NATURELLE,

Medecine , Pharmacopée , Secrets , &c.

1363 ANdreæ Matthioli Commentaria in dioscoridem. *Venetiis.* 1565. *in-fol.*

1364 Histoire des Plantes par Dalechamp. *Lyon.* 1653. 2 *vol. in fol.*

1365 Histoire des Plantes d'Aix. *Aix.* 1715. *in fol.*

1366 Description des Plantes qui naissent aux environs de Paris par Fabregou. *Paris* 1740. 6 *vol. in-* 12.

1367 Musæum Historicum & Physicum Joan. Imperialis. *Venetiis.* 1640. *in* 4.

1368 Dissertation sur les Tremblemens de terre , & les Eruptions du feu qui firent échouer le Projet formé par l'Empereur Julien , par M. Warbutton , *Paris.* 1754. 2 *vol. in* 12.

1369 La Nature expliquée par Denise. *Paris.* 1719. *in-* 12.

1370 Systême naturel du Regne animal , par Klain. *Paris.* 1754. 2 *vol. in* 8 *fig.*

1371 Essay sur la santé pour prolonger la vie , par Cheyne. *Paris.* 1725. *in* 12.

1372 Bibliotheque en abrégé de la vraye Médecine. *in* 12.

1373 Nouvelles Découvertes en Médecine. *Paris.* 1727. *in* 12.

1374 Conseil pour vivre long tems par Cornaro. *Paris.* 1707. *in* 12.

1375 Erucarum Artus, Alimentum & Paradoxa Metamorphosis , per Mar. Sib. Merian. *Amst. in* 4. *fig.*

1376 Méthode de guérir les Maladies du corps & de l'esprit. *Paris.* 1749. 2 *vol. in* 12.

1377 Traité de la Goute & du Rhumatisme de Hoffmann. *Paris.* 1747. *in* 12.

1378 Anatomia Corporum humanorum aucta à Guillielmo Cowper, cum figuris. *Ultrajecti.* 1750. *in fol. gr. p.*

1379 Observations Anatomiques faites sur plusieurs Animaux par Guide. *Paris.* 1674. *in* 12.

1380 Bartholini Anatomia, cum fig. *Lugd. Bat.* 1686. *in* 8.

1381 L'Anatomie de l'Homme par Dionis, *Paris.* 1705. *in* 8. *fig.*

1382 Fred. Ruyschii, Opera omnia Anatomico Medico Chirurgica. *Amst.* 1737. 3 *vol. in* 4.

1383 Les Oeuvres de Dulaurens. *Paris.* 1613. *in fol.*

1384 Traité des Maladies des Femmes grosses, & Observations sur leurs Maladies, par Moriceau. *Paris.* 1694. 2 *vol. en un. in* 4.

1385 Nouvelles Pharmacopée. *Paris.* 1753. *in* 12.

1386 Novum Lumen Chemicum, *Genevæ.* 1673. *in* 12.

1387 Raymundi Lullii Opera. *Argent.* 1617. *in* 8.

1388 Tractatus Phifologicus de Pulchritudi-
ne. *Brux.* 1662. *in* 8. *fig.*

1389 La Phifionomie humaine de Jean-Bapt.
Porta. *Rouen.* 1655. *in* 8.

1390 Albertus Magnus de Secretis Mulie-
rum. *Amft.* 1655. *in* 12.

1391 Secrets du Petit Albert. *Col.* 1722. *in-*
12.

1392 Differtations fur l'incertitude des fignes
de la mort, par Bruyer. *Paris.* 1749. 2 *vol. in*
12.

1393 Apologie pour les Grands-Hommes
foupçonnés de Magie, par Naudé. *Amfter.*
1712. *in* 12.

1394 Traités des Monftres par Palfin, revû par
Moriceau. *Leyde.* 1708. *in* 4.

Jardinage.

1395 Dictionnaire Economique par Chomel,
Paris. 1740. 4 *vol. in fol.*

1396 La Théorie & Pratique du Jardinage. *La*
Haye. 1711. *in* 4.

1367 Inftruction pour les Jardins Fruitiers &
Potagers, par de la Quintynie. *Paris.* 1716.
2 *vol. in* 4.

1398 Le Jardinier Solitaire. *Paris.* 1712. *in* 12.

1399 Trai é de la Culture des Terres, fuivant
les principes de Tulles, par du Monceau. Cul-
ture des Vignes, Maladie des Beftiaux. *Paris.*
1752. *in-*12. *fig.*

1400 Differtation fur la caufe qui corrompt
& noircit les Grains de Bled dans les épis,

par M. Tillet, *Bordeaux*. 1755. 2 *vol. in* 4.
br.

1401 Le Calendrier des Laboureurs. *Paris.*
1655. *in* 12.

1402 Le Calendrier des Jardiniers. *Paris.*1743.
in 12.

1403 Le Calendrier d'Artois. *Arras.* 1747. *in-*
12.

1404 L'Art de cultiver les Muriers blancs, *Paris.*
1754. *in* 8. *fig.*

Physique & Mathématique.

1405 Physica curiosa, autore Gaspare Schot-
to. *Herbipoli.* 1672. 2 *vol. in* 4.

1406 Journal des Observations Physiques,
Mathématiques & Botaniques, par le Pere
Feuillé. *Paris.* 1714 2 *vol. in* 4.

1407 Essais de Physique touchant les choses
naturelles, par M. Peraut. *Paris.* 1680. 4 *vol.*
in 12.

1408 Expériences Physico-Mecaniques, trad.
de l'Anglois de Hauksbée, par M. de Bre-
mond. *Paris.* 1754. 2 *vol. in* 12. *fig.* — Con-
jectures sur les Tremblemens de terre. 1756.
in 12.

1409 Expériences de Physique & d'Histoire
naturelle par Deslandes, *Paris.* 1736. *in-*
12.

1410 Expériences de Physique par Poliniere.
Paris. 1734. 2 *vol. in* 12.

1411 L'origine des Fontaines par M. Peraut.
Paris. 1674. *in* 12.

1412 Franc. Aguillonii Optica. *Ant.* 1613. *in-fol.*

1413 Récréations Mathématiques par Ozanam, *Paris.* 1750. 4 *vol. in* 8. *fig.*

1414 Obſervations Math. Aſtr. Géograph. &c. par le P. Souciet. *Paris.* 1729. 2 *vol. in-* 4.

1415 Traité de la conſtruction des Inſtrumens de Mathématiques, par Byon, *Paris.* 1752. *in* 4. *fig.*

1416 Les Oeuvres de Mariotte. *La Haye,* 1740. 2 *vol. in* 4. *fig.*

1417 Analyſe des infiniment Petits, trad. par M. Rondet, *Paris.* 1735. 2 *vol. in* 4.

1418 Eclairciſſement ſur l'Analyſe des infiniment Petits, par M. Varignon, *Paris.* 1725. *in* 4.

1419 Telliamed ou Entretien d'un Philoſophe Indien avec un Miſſionnaire François, ſur la diminution de la Mer, la formation de la Terre, &c. *Amſt.* 1748. *in* 8.

1420 La Meridienne de l'Obſervatoire de Paris, par M. Caſſini de Turi, *Paris.* 1744. *in-* 4.

1421 La Figure de la Terre par M. Bouguer. *Paris.* 1749. *in* 4.

1422 La Figure de la Terre par M. de Maupertuis. *Paris.* 1738. *in* 8.

1423 Théorie de la Figure de la Terre par M. Clairaut, *Paris.* 1743. *in* 8.

1424 Lettres à M. L. A. D. C. touchant les Comettes par M. Bayle. *Col.* 1682. *in* 12.

1425 Traités des Baromettres, Thermomettres & Notiomettres. *Amft.* 1707. *in* 12. *fig.*

1426 Traité des Syftêmes. *La Haye* 1749. *in-* 12.

1427 Le Détail de la France, 1707. 2 *vol. in-* 12.

1428 Vegetius de re Militari. *Lugd. Bat.* 1592. *in* 12.

1429 Les Stratagêmes, ou les Rufes de la Guerre, *Paris.* 1694. *in* 12.

1430 Le Petit Dictionnaire du Tems, pour l'intelligence des nouvelles de la Guerre, *Paris,* 1748. *in* 12.

Commerce & Monnoyes.

1431 Dictionnaire du Commerce par Savary, avec fon Supplément, *Paris,* 1723. *& fuiv.* 3 *vol. in fol.*

1432 Le Guide des Négocians par de la Porte, *Paris.* 1716. *in-*12.

1433 Le Nouveau Négociant par Ricard. *Bor-deaux.* 1686. *in* 4.

1434 Le Négoce d'Amfterdam par Richard, *Rouen.* 1723. *in* 4.

1435 Traité des Négociations de Banque par Damoreau, *Paris,* 1727. *in* 4.

1436 Traité des Arbitrages de Change par Jean Viertz, *Bafle,* 1728. *in* 4.

1437 Théorie & Pratique du Commerce & de la Marine, de Dom Geronimo de Uftariz, *Paris,* 1753. *in* 4.

1438 Essai sur les Interêts du Commerce Maritime, par M. D * * * *La Haye*, 1754 *in-*12.

1439 Le Négociant Anglois, *Paris*, 1753. 2 *vol. in* 12.

1440 Histoire & Commerce des Colonies Angloises dans l'Amérique Septentrionale, *Paris*. 1745. *in* 12.

1441 L'Etat des Arts en Angleterre, par Rouquet, *Paris*. 1755. *in* 12.

1442 Dissertatio de Nummis non cusis, *Amst.* 1700. *in* 4. *br.*

1443 Essay sur les Monnoyes, ou Réfléxions sur le Rapport entre l'Argent & les Denrées. *Paris*. 1746. *in* 4.

1444 Traité des Monnoyes par le Blanc. *Amst.* 1692. *in* 4.

1445 Prix des Monnoyes de France & des Matieres d'Or & d'Argent, *Rouen*, 1736. *in-*4.

1446 Instruction pour les Changeurs, *Anvers*, 1633. *in fol.*

1447 Traité de l'Art Métallique, extrait d'Alphonse Barba, *Paris*, 1733. *in* 12. *fig.*

1448 Traité de l'Art Métallique, extrait des Oeuvres d'Alvare Barba, *Paris*, 1730. *in-*12. *fig.*

1449 Traité des Diamans & des Perles, par Yeffries; *Paris*, 1753. *in* 8.

1450 Antiquæ Musicæ scriptores auctores septem Græc. & Lat. cum notis Meibomii. *Amst.* 1652. 2 *vol. en un. in* 40.

Architecture & Peinture.

1451 Defcription abrégée des Arts & Métiers, & des Inftrumens qui leur font propres, *Paris,* *in* 4. *fig.*

1452 Géométrie de Sebaftien Serlio. *Venife,* 1540. *in fol.*

1453 Architecture de Vincent Scamozzy, *Leyde,* 1713. *in fol.*

1454 Maniere de bâtir par le Muet, *Paris, in-fol.*

1455 Paralelle de l'Architure ancienne & moderne, par de Cambray, *Paris,* 1702. *in-fol.*

1456 Architecture Hydraulique par Belidor *Paris,* 1737. *& fuiv.* 4 *vol. in* 4.

1457 Les beaux Arts réduits à un même principe, *Paris.* 1746. *in* 12.

1458 Dictionnaire de Peinture & d'Architecture, *Paris,* 1746. 2 *vol. in* 12.

1459 Junius de Pictura Veterum. *Rot.* 1694. *in fol.*

1460 Lionardo da Vinci della Pittura. *In Parigi,* 1651. *in fol.*

1461 Traité de la Peinture par Leonard de Vincy. *Paris,* 1716. idem, *double, in* 12.

1462 L'Art de Peinture par du Frefnoy, *Paris,* 1673. *in* 12.

1463 L'Ecole d'Uranie, ou l'Art de la Peinture, trad. du Lat. de du Frefnoy, *Paris,* 1753. *in* 12.

1464 Réfléxions critiques fur la Poëfie & la Peinture, par l'Abbé Dubos, *Paris*, 1740. *3 vol. in* 12.

1465 Converfations fur la connoiffance de la Peinture. *Paris*, 1677. *in* 12.

1466 L'Ecole de Mignature, *Paris*, 1673. *in-* 12.

1467 Difcours fur le Coloris, par D. P. *Paris*, 1673. *in* 12. *br.*

1468 Catalogue raifonné des Tableaux du Roy, tom. 1. *Paris*, 1752. *br. in* 4.

1469 Defcription des Deffeins du Cabinet de M. Crozat, par Mariette, *Paris*, 1741. *in-* 8.

1470 L'Art de la Teinture des Laines, par Helot, *Paris*, 1750. *in* 12.

1471 De l'Art des Devifes par le P. Lemoyne, *Paris*, 1666. *in* 4.

1472 Devifes héroiques & morales, par le P. Lemoyne, *Paris*, 1649. *in* 4. *fig.*

1473 Imprefe nobili & ingeniofe di diverfi Principi di Lodovico Dolce, *in Venetia*, 1578. *in* 4. *fig.*

1474 Iconologie de Ripa, trad. par Baudoin, *Paris*, 1677. *in* 4. *fig.*

1475 Dictionnaire univerfel de Trevoux, *Paris*, 1752. 7 *vol. in fol.*

BELLES-LETTRES.

GRAMMAIRE

& Dictionnaires.

1476 COurs de Belles Lettres, *Paris*, 1747. 4 *vol. in* 12.

1477 Ambrosi Calpini Dictionarium octo Linguæ, *Lugd.* 1682. 2 *vol. in fol.* Idem, *en feuilles.*

1478 Julii Pollucis Onamasticon, gr. & lat. *Amst.* 1706. 2 *vol. in fol.*

1479 Hesychii Dictionarium græcum, *Hagenoæ*, 1521. *in fol.*

1480 Lexicon græco latinum, 1583. *in* 4.

1481 Schrevelii Lexicon græco-latinum, *Lugd. Bat.* 1670. *in* 8.

1482 Thesoro della Lingua græca vulgore ed Italiana, *Parif.* 1709. 2 *vol. in* 4.

1483 Nouvelle Méthode pour apprendre la langue Latine , par Mrs. de Port Royal, *Paris*, 1667. *in* 12.

1484 De Elegantiari Latinitate comparanda scriptores selecti. Studio Rich. Ketilii. *Amst.* 1713. *in* 4.

1485 R. Steph. Thesaurus Linguæ Latinæ, *Lond.* 1734. 4 *vol. in fol.*

1486 Scoti Apparatus latinæ locutionis. *Rotli.* 1635. *in* 4.

1487 Dictionarium latino Belgicum. *Dordraci,* 1699. *in* 4.

1488 Danetii Dictionarium Latino Gallicum, *Lugd.* 1740. *in* 4.

1489 Dictionnaire François & Latin par Danet, *Lyon,* 1737, *in* 4.

1690 Dictionarium Latino Gallicum autore Tachard, *Parif.* 1687. *in* 4.

1491 Ducange, Dictionarium mediæ & infimæ latinitatis, *Parif.* 1733. *& fuiv.* 6 *vol. in-fol.*

1492 Traité de la Grammaire Françoife par Regnier Defmarais, *Paris,* 1706. *in* 4.

1493 Nouvelle Grammaire réduite en Table pour apprendre la Langue Françoife, par M. de Grimarefts, *Paris,* 1719, *in* 4. *br.*

1494 Grammaire Françoife, par le P. Buffier. *Paris,* 1723. *in* 12.

1495 Remarques de M. de Vaugelas fur la langue Françoife, avec les notes de Mrs. Patru & Corneille, *Paris,* 1738. 3 *vol.* 12.

1496 Le Génie de la Langue Françoife, *Paris,* 1698. *in* 12.

1497 Les vrais Principes de la Langue Françoife, par M. l'Abbé Girard, *Paris,* 1747, 2 *vol. in* 12.

1498 Dictionnaire Etimologique de la Langue Françoife par Menage, *Paris,* 1750. 2 *vol. in-fol.*

1499 Dictionnaire de l'Académie Françoife, *Paris,* 1694. 2 *vol. in fol.*

1500 Factums de Furetiere, *Amft.* 1694. 2 *vol.*
in 12.

1501 Dictionnaire portatif des Mots François,
Paris, 1750. *in* 12.

1502 Sinonymes François par l'Abbé Girard ,
Paris. 1736. *in* 12.

1503 L'Art de bien parler François, *Amfter.*
1730. 2 *vol. in* 12.

1504 Méthode pour apprendre l'Ortographe ,
par Jacquier, *Paris*, 1733. *in* 8.

Orateurs.

1505 Réfléxions fur l'Eloquence , *Paris.* 1700.
in 12.

1506 Ciceronis Opera cum notis variorum. *Amft.*
Veftein. 1724. 2 *vol. in fol.*

1507 Traduction de l'Orateur de Ciceron, avec
les notes de M. Colin, *Paris*, 1737. *in*
12.

1508 Traduction des Lettres de Ciceron à
Bruttus, par M. de Laval, *Paris*, 1731, 2
vol. in 12.

1509 Ciceron, de la Vieilleffe & de l'Amitié ,
trad. par M. Dubois, *Paris.* 1686. *in* 12.

1510 Les Offices de Ciceron , trad. par M. Du-
bois, *Paris*, 1691. *in* 12.

1511 Quintiliani Inftitutiones Oratoriæ cum no-
tis Car. Rollin, *Parif.* 1715. 2 *vol. in* 12.

1512 Quintilien de l'Orateur, par l'Abbé Ge-
doyn , *Paris*, 1752. 4 *vol. in* 12.

1513 Panegyrici Veteres ad ufum Delphini,
Paris, 1676. 2 *vol. in* 4.

1514 Panegyriques & Harangues à la louange
du Roy, *Paris*, 1680. *in* 8.
1515 Panegyrique du Roy par Tallemant. *Paris*,
1680. *in* 12.
1516 Paquet d'Oraisons funébres , *in* 4.

Poctes Grecs & Latins.

1517 Traité du Poëme Epique par le P. le Bossu,
Paris , 1708. *in* 12.
1518 Connoissance des Poëtes les plus celebres,
Paris , 1752. 2 *vol. in* 12.
1519 Homeri Ilias ex editione Clarke. *Glasguæ,*
1747. 2 *vol. in* 12.
1520 L'Illiade & l'Odissée d'Homere de la Val-
terie, *Paris*, 1699. 4 *vol. in* 12.
1521 Pindari Opera cum interpretatione Latina,
Glasguæ, 1744. *in* 12.
1522 Les Olimpiques de Pindare , *Paris,* 1754,
in 12.
1523 Æschylis , Tragediæ cum variantibus,
Glasguæ , 1746. 2 *vol. in* 12.
1524 Les Poesies d'Anacréon & de Sapho, avec
des Remarques de Mad. Dacier, *Amst.* 1699,
in 12.
1525 Poesies d'Anacréon & de Sapho, par Mad.
Dacier, *Amst.* 1716. *in* 12.
1526 Les Idilles de Bion & de Moschus, trad.
par M. de Longepierre, *Amst.* 1688. *in-*
12.
1527 Les Idilles de Theocrite par de Longe-
pierre , *Paris* , 1688. *in* 12.

1528 Sophoclis Tragediæ cum notis Johnson, *Glasguæ*, 1645. 2 *vol. in* 12.

1529 Corpus Poetarum Latinorum. *Lond.* 1713. 2 *vol. in fol.*

1530 Les Comédies de Plaute, trad. par Geudeville, *Leyde*, 1719. 10 *vol. en* 5. *in* 12.

1531 P. Virgilii Maronis Opera, cum notis Ruai, *Parif.* 1682. *in* 4.

1532 Soufcription du Virgile de Rufforth. en 4 vol. *in* 8. dans le goût de l'Horace de Pine, dont la Soufcription eft de 4 louis, qui eft payée en entier.

1533 Virgile de la traduction de Martignac, *Paris*, 1686. 3 *vol. in* 12.

1534 Horatii Carmina cum annot. Juvencii. *Paris*, 1721. 2 *vol. in* 12.

1535 Horatii Carmina ftudio Sanadonis, *Paris*, 1628. *in* 12.

1536 Horace du P. Senadon, *Paris*. 1728. 2 *vol. in* 4.

1737 Les Oeuvres d'Horace trad. par le P. Tarteron, *Paris*. 1685. *in* 12.

1538 Terentii Comediæ cum notis Bentleii, *Amft.* 1727. *in* 4.

1539 Catullus, Tibullus & Propertius. *Trajecti*, 1659. *in* 8.

1540 Juvenalis & Perfii Satyræ cum notis Juvencii. *Parif.* 1715. *in* 12.

1541 Les Satyres de Juvenal & de Perfe, trad. par de Martignac, *Paris*. 1683. *in* 12.

1542 Traduction des Satyres de Perfe & de Juvenal par le P. Tarteron. *Paris*. 1714. *in* 12.

P.

1543 Ovidii Nazonis Opera cum notis Bur-
manni, *Amft.* 1727. 4 *vol. in* 4.

1544 Commentaire fur les Epîtres d'Ovide par
de Meziriac, *La Haye*, 1716. 2 *vol. in* 8.
double.

1545 Métamorphofes d'Ovide de Bannier avec
fig. de Picard, *Amft.* 1732. 2 *vol. in fol.*

1546 Martialis Epigrammata cum notis Juven-
cii. *Parif.* 1693. *in* 12.

1547 La Pharfale de Lucain par Brebœuf,
Paris. 1673. *in* 12.

1548 Pervigilium Veneris, cum notis Salma-
fii & aliorum, *Hagæ-Comit.* 1712. *in*
8.

Poetes François & autres.

1549 Dictionnaire des Rimes par Richelet,
Paris. 1692. *in* 12.

1550 Hiftoire de la Poefie Françoife par Mer-
vefin, *Paris.* 1706. *in* 12.

1551 Hiftoire de la Poefie Françoife par M.
l'Abbé Maffieu. *Paris.* 1739. *in* 12.

1552 Traité de la Poefie Françoife par le R. P.
Morgues, *Paris.* 1755. *in* 12.

1553 La Pratique du Théatre par l'Abbé d'Au-
bignac, *Paris.* 1669. *in* 4.

1554 Hiftoire du Théatre François, *Paris*,
1734. & *fuiv.* 12 *vol. in* 12.

1555 Nouvelles Obfervations au fujet des con-
damnations prononcées contre les Comé-
diens, par M. Fagan, *Paris.* 1751. *in* 12.

1556 Les Mufes Françoifes ralliées de diverfes
parts, par Defpinelle, *Lyon*, 1606. *in*
12.

1557 Le Roman de la Rose par Guillaume de Loris & Jean de Mun, *Paris.* 1735. tom. 3. *in*-12.

1558 Supplément au Glossaire du Roman de la Rose par le Pr. Bouhier, *Dijon,* 1737. *in*-12.

1559 Mystere des Actes des Apôtres, *got. mar.* bleu, *Paris.* 1545. 2 *vol. en un, in* 4.

1560 Mystere de la Passion de N. S. J. C. avec les Additions du Docteur Jean Michel, *got. mar. bleu, in* 4.

1561 La Résurrection de N. Seigneur par Personnage, *got. mar. bleu. Paris.* 1539. *in-* 4.

1562 Le Mystere de la Conception de la B. Vierge Marie, *got. mar. bleu, Paris.* 1547. *in* 4.

1563 Les Oeuvres de Clement Marot, *La Haye,* 1705. 2 *vol. in* 12.

1564 Les Oeuvres de Clement Marot, *La Haye,* 1731. 4 *vol. in* 4.

1565 La Légende de Me Pierre Faifeu, *Paris,* 1723. *in* 12.

1566 Les Oeuvres de François Villon, *Paris,* 1723. *in* 12.

1567 Les Oeuvres Poetiques de Mellin de S. Gelais, *Paris.* 1719. *in* 12.

1568 Les Oeuvres de Regnier, Lond. 1746. 2 *vol. in* 8.

1569 Poesies de Malherbe, avec les Observations de Menage, *Paris,* 1723. 3 *vol. in* 12.

1570 Ovide en Belle-Humeur, par d'Adoucy, *Paris.* 1653. *in* 4.

1571 Recueil de Poefies diverfes du P. du Cerceau, *Paris*. 1726. *in* 8.

1572 Les Oeuvres de Moliere, *Paris*. 1730. 8 *vol. in* 12.

1573 Le Mifantrope, *La Haye*, 1742. 2 *vol. in* 12.

1574 Théatre de Pierre & Thomas Corneille, *Paris*. 1738. 12 *vol. in* 12.

1575 Les Oeuvres de Mad. & Mlle Deshoullieres, *Paris*. 1747. 2 *vol. in* 12.

1576 Poefies de Mad. de la Suze & de M. Peliffon, *Trevoux*, 1725. 4 *vol. en* 2, *in* 12.

1577 Poefies Françoifes de l'Abbé Regnier des Marais, *Paris*. 1708. 2 *vol. in* 12.

1578 Poefies de l'Abbé de Chaulieu & de la Farre, *Lond.* 1740. 2 *vol. en un*, *in* 8.

1579 Oeuvres en Vers de l'Abbé de Villiers, *La Haye*, 1717. *in* 12.

1580 Oeuvres de Boileau, avec.fig. de Picard, *Amft.* 1718. 2 *vol. in fol.*

1581 Les Oeuvres de Boileau, *Amft.* 1718. 2 *vol. in* 4.

1582 Les Oeuvres de Boileau, *Amft.* 1737. *in-* 12.

1583 Epigrammes de M. de Senecé, *Paris*. 1717, *in* 12.

1584 Fables de la Motte, *Paris*. 1719. *in-* 4.

1585 Oeuvres de Rouffeau, *mar. bl. Lond.* 1723. 2 *vol. in* 4.

1586 Oeuvres de Rouffeau, *Brux.* 1743. 3 *vol. in* 4.

1587 Oeuvres diverfes de Rouffeau, *Amft.* 1726. 3 *vol. in* 12.

1588 Les Oeuvres choifies du Sr Rouffeau, *Rot. (Rouen)* 1720. *in* 12.

1589 Le Poete fans fard, par Gacon, *à Libre-ville,* 1698, *in* 12.

1590 La Henriade de Voltaire, Lond. 1734. *in* 12.

1591 L'Anti-Lucrece, Poeme fur la Religion naturelle, compofée par M. le Card. de Po-lignac, trad. par M. de Bougainville, *Paris,* 1749. 2 *vol. in* 12.

1592 Cantates de Bachelier, La *Haye,* 1728. *in* 12.

1593 Recueil de Chanfons, *La Haye,* 1735. 7 *vol. in* 12.

1594 Recueil des Operas, *Paris.* 1703. *& fuiv.* 15 *vol. in* 12.

1595 La Jerufalemme liberata di Torquato Taffo. con le figure. *In Venetia,* 1745. *in-fol.*

1596 Le Théatre Italien de Gherardi, *Amft.* 1721. 6 *vol. in* 12.

1597 La Lufiade du Camoens, par M. du Perron de Caftera, *Paris,* 1735. 3 *vol. in-* 12.

1598 Le Paradis perdu de Milton, *Paris,* 1736. 3 *vol. in* 12.

Romans & Facéties.

1599 Clitophontis & Leucippes Amores, cum notis Salmafii. *Lugd. Bat.* 1640. *in* 8.

1600 Les Amours de Pſiché & de Cupidon ,
par M. de la Fontaine, *Paris*, 1728. in-
12.

1601 Les Amours de Catulle par M. de la
Chapelle, *Paris*. 1713. 2 *vol. in* 12.

1602 Les Amours de Tbulle par M. de la
Chapelle, *Paris*. 1713. 3 *vol. in* 12.

1603 Amitiés, Amours & Amourettes par
M. le Peys, *Paris*. 1665. *in* 12.

1604 Les nouvelles Oeuvres de M. le Peys,
Amſt. 1677. *in* 12.

1605 De l'uſage des Romans par Gordon de
Perceval, *Amſt*. (*Paris*.) 1734. 2 *vol. in* 12.

1606 L'Hiſtoire juſtifiée contre les Romans ,
par Langlet du Freſnoy, *Amſt*. (*Paris*.)
1735. *in* 12.

1607 Le Roman Bourgeois, par Furetiere,
Amſt. 1714. *in* 12.

1608 Les Avantures de Telemaque, par M.
de Fenelon, *Paris*. 1717. 2 *vol. in* 12.

1609 Les Avantures de Telemaque, par M.
de Fenelon, avec figures de Picard. *Amſt*.
1734. *in* 4.

1610 Les Oeuvres de Rabelais, *Amſt*. 1741. 3
vol. in 4.

1611 La Femme Docteur ,
Le St. Déniché, La *Haye*, 1730. & 1733.
in 12.

1612 Verd-Verd, le Carême impromptu , la
Chartreuſe & les Ombres, *Amſt*. 1735. *in-*
12.

1613 Les Chats, *Paris*. 1727. *in* 8. *fig.*

Polygraphes critiques & Épistolaires.

1614 Tableaux de Philostrate , *Paris*. 1637. *in fol. fig.*

1615 Essais de Montagne , avec les notes de M. Coste, *Lond. (Trevoux)* 1724. 4 *vol. in* 4.

1616 Les Oeuvres de la Motte le Vayer, *Paris*, 1656. 2 *vol. in fol.*

1617 Les Oeuvres de M. Voiture, *Paris*. 1729. 2 *vol. in* 12.

1618 Oeuvres diverses de M. Pelisson, *Paris* , 1735. 3 *vol. in* 12.

1619 Recueil de divers Ouvrages en Prose & en Vers, par le Laboureur, *Paris*. 1675. *in* 4.

1620 Les Oeuvres de M. de S. Evremont , *Lond. (Paris.)* 1725. 7 *vol. in* 12.

1621 Harduini Opera varia, *Amst.* 1733. *in-fol.*

1622 Oeuvres diverses de M. Bayle , *la Haye* , 1737. 4 *vol. in fol.*

1623 Oeuvres de M. de Toureil, *Paris*. 1721. 4 *vol. in* 12.

1624 Les Oeuvres de M. de Fontenelle, *Paris*, 1742. 6 *vol. in* 12.

1625 Pieces fugitives, *Mss.* dont Lettres de M. de * * * à l'Inventeur de l'Imprimerie, *in* 12.

1626 Recueil de divers Ouvrages en Prose & en Vers, par le P. Br. *Paris*, 1741. *in* 12. 4 *vol. en* 2.

1627 Diſſertations mêlées ſur divers ſujets im-
portans & curieux, *Amſt.* 1740. 2 *vol. en
un, in* 12.

1628 Diſcours Académiques ſur des objets in-
tereſſans, par M. de Richeſource, *Paris*,
1660. *in* 4.

1629 Les préjugés du Public, par de Neſle,
Paris, 1747. 2 *vol. in* 12.

1630 Traité des marques Nationales, par Ben-
neton de Moranges, *Paris*, 1739. *in* 12.

1631 Des Cauſes de la corruption du Goût,
par Madame Dacier, *Paris*, 1714. *in-*
12.

1632 La maniere de bien penſer dans les Ou-
vrages d'eſprit, par le P. Bouhours, *Paris*,
1715. *in-*12.

1633 Les Entretiens d'Ariſte & d'Eugene, par
le P Bouhours, *Paris*, 1721. *in* 12.

1634 Sentimens de Cleante ſur les Entretiens
d'Ariſte & d'Eugene, par Barbier d'Au-
court, *Paris*, 1730. *in* 12.

1635 Teſtament litteraire de M. l'Abbé Des-
fontaines, *La Haye*, 1746. — La Boucle
de Cheveux enlevée, Poeme de M. Pope,
Paris, 1738. — De Coma Dialogus, 1645.
& autres pieces, *in* 12.

1636 Satyres de Petrone Lat. Fran. de la trad.
de Nodot, figures, *Amſt.* 1756. 2 *vol. in-*
12.

1637 Apologie de M. de Voltaire, adreſſée
à lui-même, & autres pieces, *in* 8.

1638 Lettres de Bourſault, *Paris*, 1722. 3
*vol. in-*12.

1639

1639 Les Lettres de Mad. de Sevigné, Paris,
1738. 6 vol. in 12.

Nouvelles Lettres de Mad. de Sevigné, Paris,
1754. 2 vol. in 12.

1640 Lettres galantes de Mad. du Noyer,
Lond. 1741. 6 vol. in 12.

1641 Lettres de Vaumoriere, Paris, 1714. 2
vol. in 12.

1642 Lettres édifiantes & curieuses, 18. & 25.
Recueils, Paris, 1728 & 1741. in 12.

1643 Lettres Perſannes par M. de Monteſ-
quieu, Amſt. (Paris.) 1721. 2 vol. in 12.

Q

HISTOIRE.

GEOGRAPHIE

& Voyages.

1644 **B** Audran Lexicon Geographicum, *Iſe-naci*, 1677. *in fol.*

1645 Dictionnaire Géographique de Bau-dran, *Paris.* 1705. *in fol.*

1646 Dictionnaire Géographique de T. Cor-neille, *Paris.* 1708. *3 vol. in fol.*

1647 Dictionnaire Géographique de la Marti-niere, *La Haye*, 1726. *& ſuiv.* 10 *vol. in-fol.*

1648 Dictionnaire Géographique portatif, trad. de Echard par M. Voſgien, *Paris.* 1747. *in-8.*

1649 Elémens de Géographie par M. de Mau-pertuis, *Paris.* 1742. *in 8.*

1650 Introduction à la Géographie par Sanſon, *Lyon*, 1712. *in 12.*

1651 Géographie de le Cocq, *Paris.* 1723. *2 vol. in- 12.*

1652 Tablettes Geog. *Paris.* 1725. *in 12.*

1653 Geographia ſacra, Auct. Sanſon, cum notis Clerici, *Amſt.* 1704. *2 vol. in fol. br.*

1654 Géographie sacrée & historique par Robert, *Paris.* 1747. *3 vol. en* 2. *in* 12.

1655 Orbis antiqui Tabulæ Geographicæ secundum Ptolomeum , *Amster.* 1730. *in-fol.*

1656 Lazius de Gentium Migrationibus, *Franc.* 1600. *in fol.*

1657 Etats & Empires du Monde, *Paris ;* 1625. *in fol.*

1658 Le nouveau Théatre du Monde, par Guedeville, *Leyde* , 1713. *in fol.*

1659 Americæ Historia, cum fig. *Franc.* 1590. *& seq.* 4 *vol. in fol.*

1600 Atlas de la Navigation & du Commerce, *Amst.* 1715. *in fol.*

1661 Mercure Géographique par le P. Lubin, *Paris.* 1678, *in* 12.

1662 Explication de la Carte des nouvelles découvertes au Nord de la Mer du Sud, par M. Delisle , *Paris.* 1752. *in* 4.

1663 Eclaircissement géographique sur la Carte de l'Inde, par M. Danville , *Paris.* 1753. *in-* 4.

1664 Histoire générale des Voyages, par l'Abbé Prevost, *Paris*, 1746. *& suiv.* 12 *vol. in* 4. *avec la Souscription.*

1665 Voyage au tour du Monde de Georges Anson, *Amst. in* 4. *fig.*

1666 Voyage au tour du Monde par Rogers , *Amst.* 1723. *3 vol. in* 12.

1667 Voyage au tour du Monde par le Gentil, *Paris* , 1727. *3 vol. in* 12.

1668 Voyages Historiques de l'Europe, par

Jordan, *Paris*, 1693. 7 *vol. in* 12.

1669 Voyages de Thomas Gage, *Amſt.* 1720, 2 *vol. in* 12. *fig.*

1670 Voyages de le Bruyn, *Rouen*, 1725. 5 *vol. in* 4. *fig.*

1671 Voyages d'Olearius, trad. par de Wicquefort, *Amſt.* 1727. 2 *vol. in fol. fig.*

1672 Voyages de la Motteraye en Europe, Aſie & Afrique, *La Haye*, 1727. 2 *vol. in fol. fig.*

1673 Schotti Itinerarum Italiæ, *Ant.* 1625. *in*-12.

1674 Voyages d'Italie & de Dalmatie, &c. en 1675. & 1676. par Spon & Wheler, *la Haye*, 1724. 2 *vol. in* 12. *fig.*

1675 Voyage d'Italie par Miſſon, *la Haye*, 1717. 3 *vol. in* 12. *fig.*

1676 Analyſes Géographiques de l'Italie, par Danville, *Paris*, 1744. *in* 4.

1677 Voyages de Dalmatie, de Grece & du Levant, par Wheler, *la Haye*, 1723. 2 *vol. in*-12. *fig.*

1678 Pauſanias, ou Voyage hiſtorique de la Grece, par l'Abbé Gedoin, *Paris*, 1731. 2 *vol. in* 4.

1679 Voyage de Siam par M. l'Abbé de Choiſy, *Paris*, 1687. *in* 12.

1680 Le premier, le ſecond Voyage de Siam, par le P. Tachard, *Paris*, 1686. & 1689. 2 *vol. in* 4.

1681 Voyage des Ambaſſadeurs de Siam en France en Septembre 1686. *in* 12.

1682 Voyage de Siam par de Laloubere, Paris, 1691. 2 *vol. in* 12. *fig.*

1683 Relation d'un Voyage en Mofcovie, *Leyde*, 1688. *in* 12.

1684 Voyage du Levant par Poullet, *Paris*, 1668. 2. *vol. in* 12. *fig.*

1685 Recueil des Voyages de la Compagnie des Indes Orientales, *Amft.* 1725. 12 *vol. in-* 12. *fig.*

1686 Voyages de Mandeflo aux Indes Orientales, trad. par de Wicquefort, *Paris*, 1666. tom. 2. *in* 4. *fig.*

1687 Journal d'un Voyage au Nord en 1736 1737. par M. Outhier, *Paris*, 1744. *in-* 4. *fig.*

1688 Voyage du Nord, *Figures*, Amfter. *in-* 12.

1689 Voyage de la Baye de Hudfon en 1746 & 1747. par Ellis, *Paris*, 1749. 2 *vol. en un*, *in* 12.

1690 Voyage de Robert Lade en Afrique, Afie & Amerique, *Paris*, 1744. 2 *vol. in-* 12.

1691 Voyage en Afrique & en Amerique, *in-* 12.

1692 Defcription du Cap de Bonne-Efperance par Colbe, A*mft.* 1742. 3 *vol. in* 12.

1693 La Vie de Chriftophe Colombe, *Paris*, 1681. 2 *vol. in* 12.

1694 Voyage de Coreal aux Indes Occidentales, *Paris*, 1742. 2 *vol. in* 12.

1696 Voyage de la Riviere des Amazonnes,

par M. de la Condamine, *Paris*, 1745. *in-*
12.

1696 Voyage aux Ifles de l'Amerique par le
P. Labatte, *Paris*, 1722. *6 vol. in 12. fig.*

1697 Relation du Voyage de M. de Gefne à
la Mer du Sud, par Froger, *Amft.* 1715. *in-*
12. *fig.*

1698 Voyage la Mer du Sud par Fraifier, *Paris,*
1732. *in 4. fig.*

1699 Hiftoire de l'expedition de trois Vaiffeaux
de la Compagnie des Indes Occidentales
aux Terres Auftrales en 1721. *la Haye,* 1739,
2 vol. en un , in 12.

Chronologie & Hiftoire Univerfelle.

1700 Bibliotheque univerfelle des Hiftoriens,
Paris. 1707. *2 vol. in 8.*

1701 Petavius de Doctrina temporum, *Ant.*
1705. *3 vol. in fol.*

1702 L'Antiquité des Tems rétablie & défen-
due , *Paris,* 1690. *in 12.*

1703 Introduction à l'Hiftoire de l'Univers ,
commentée par le Baron de Puffendorf, con-
tinuée par M. de Graffe, *Paris ,* 1753. *4 vol.*
in 4. avec la Soufcription.

1704 Hiftoire du Monde par Chevreau, *Paris,*
1686. *2 vol. in 4.*

1705 Les Souverains du Monde, *Paris.* 1718.
4 vol. in 12.

1706 Hiftoire Univerfelle de d'Aubigné, *Paris,*
1726. *2 vol. in fol.*

1707 Hiſtoire des Guerres & des Négocia-
tions de Weſtphalie, par le P. Bougeant,
Paris. 1727. *in* 4.

1708 Hiſtoire du Traité de Paix de Nimégue,
Amſt. 1754. *in* 12.

1709 Memoires pour ſervir à l'Hiſtoire de l'Eu-
rope, depuis 1600 juſqu'en 1716. *Paris,*
1725. 4 *vol. in* 12.

1710 Hiſtoire Chronologique du dernier ſié-
cle par le P. Buffier, *Paris.* 1715. *in* 12.

1711 Hiſtoire des Guerres préſentes par Maſ-
ſuet, *Amſt.* 1735. *in* 12.

1712 Hiſtoire de la derniere Guerre & des Né-
gociations pour la Paix, par Maſſuet, *Amſt.*
1736. 2 *vol. in* 12.

1713 Memoires pour ſervir à l'Hiſtoire du dix-
huitiéme ſiécle, par M. de Lamberti, *Amſt.*
1735. *& ſuiv.* 14 *vol. in* 4.

1714 Hiſtoire politique du ſiécle, *Lond.* 1754.
in 12.

Hiſtoire ſacrée & Eccleſiaſtique, des Con-ciles, des Ordres & des Héréſies.

1715 Quadrins hiſtoriques de la Bible, *Lyon,*
1583. *in* 8. *fig.*

1716 Hiſtoire ſacrée de Brianville, *Paris.* 1670.
3 *vol. in* 12. *fig. de Leclerc.*

1717 Hiſtoire du Peuple de Dieu par le P. Ber-
ruyer, *Paris* 1734. 8 *vol. in* 4.

1718 Hiſtoire du Peuple de Dieu par le P. Ber-
ruyer, *la Haye,* 1753. 8 *vol. in* 12.

1719 Memoires pour servir à l'Histoire Ecclesiastique ; par M. le Nain de Tillemont ; *Paris*, 1701. *& suiv.* 16 *vol. in* 4.

1720 Histoire des Empereurs, par M. le Nain de Tillemont, *Paris*, 1700. *& suiv.* 6 *vol. in-*4.

1721 Histoire Ecclesiastique par M. Fleury, *Paris*, 1691. *& suiv.* 36 *vol. in* 4.

1722 Observations sur l'Histoire Ecclesiastique de M. l'Abbé Fleury, *Malines*, 1729. *in-*12.

1723 La mauvaise foi de M. Fleury, ou Réfléxions sur l'Histoire Ecclesiastique par le P. de Housta, *Malines*, 1733. *in* 12.

1724 Platina de Vitis Pontificum, *Coloniæ*, 1562. *in fol.*

1725 Histoire des Papes par Duchesne, *Paris*, 1653. 2 *vol. in fol. fig.*

1726 La Vie du Pape Sixte-Quint par Leti, *Paris*, 1714. 2 *vol. in* 12. *fig.*

1727 Auberti Miræi Notitia Episcopatuum orbis Christiani, *Ant.* 1613. *in* 8.

1728 Usuardi Martyrologium, *Paris.* 1718. *in-*4.

1729 Les Vies des Saints par M. Baillet *Paris*, 1715. 4 *vol. in fol.*

1730 Les Vies des Saints par M. Gantrel, *Paris*, 1689. *in* 8. *fig.*

1731 La Vie de S. Paul, *Paris.* 1741. 3 *vol. in* 12.

1732 La Vie des Prédestinés, par le P. Papin, *Paris*, 1684. *in* 4.

1733 Le Catéchifme des Jefuites par M. Paf-
quier, *Villefranche*, 1602. *in* 8.

1734 Hiftoire des Conciles généraux, *Paris*,
1692. *in* 4.

1735 Hiftoire du Concile de Bafle par Len-
fant, *Utr.* (*Paris.*) 1731. 2 *vol. in* 4. *fig.*

1736 Hiftoire du Concile de Pife par Lenfant,
Utr. (*Paris.*) 1731. 2 *vol. in* 4. *fig.*

1737 Hiftoria Concilii Florentini, *Hagæ-Co-
mit.* 1660. *in fol.*

1738 Hiftoire du Concile de Trente, par Fra-
Paolo, avec les Notes de M. Amelot de la
Houffaye, *Amft.* 1704. *in* 4.

1739 Concilium Provinciæ Ebreduni habitum
ab D. Petro de Guerin de Tencin, *Grationop.*
1728. *in* 4.

1740 Hiftoire de Malthe par Baudouin, *Paris*,
1629. *in fol.*

1741 Hiftoire de Malthe par M. l'Abbé de Ver-
tot, *Paris.* 1726. 4 *vol. in* 4. *fig.*

1742 Recherches hiftoriques de l'Ordre du S.
Efprit, *Paris.* 1710. 2 *vol. in* 12.

1743 Le Maufolée de la Toifon d'Or, *Amft.*
1689. *in* 8.

1744 Hiftoire de l'Héréfie par de Varillas, *Paris*,
1687. 3. tom. *in* 4.

1745 Hiftoire de la Ligue par Maimbourg,
Paris. 1683. *in* 4.

1746 Les Religions du Monde par la Grue,
Amft. in 8. 3 *vol. en* 1. *fig.*

1747 Cérémonies & Coutumes Religieufes de
tous les Peuples du Monde, avec les fig. de
Picard, *Amft.* 1723. & *fuiv.* 8 *vol. in fol.* les 7
prem. gr. p.

Histoire Ancienne.

1748 Flavii Josephi Opera omnia Græc. Lat. *Oxonii*, 1720. 2 *vol. in fol.*

1749 Histoire des Juifs par Joseph, *Amst.* 1681. *in fol. fig.*

1750 La Retraite des Dix Mille de Xenophon par d'Ablancourt, *Paris*, 1706. *in-*12.

1751 Quintus - Curtius cum notis Variorum, *Lugd. Bat.* 1696. *in* 8.

1752 Quinte-Curce de la traduction de Vaugelas, *Paris*, 1682. 2 *vol. in* 12.

1753 Thucydidis de Bello Pelloponnensiaco Libri 8. cum notis Wasse , *Amst.* 1731. *in fol.*

1754 Antiquités Romaines de Denis d'Halicarnasse, trad. par le P. le Jay, *Paris,* 1722. 2 *vol. in* 4.

1755 Hist. Romaine de Tite- Live , trad. par M. Guerin, *Paris,* 1739. 10 *vol. in-*12.

1756 Hist. de Polybe par le Chevalier de Folard , *Paris.* 1727. 7 *vol. in* 4. *fig.*

1757 Julii Cæsaris Commentaria de Bello Gallico cum notis Variorum, *Lugd. Bat.* 1713. 2 *vol. in* 8.

1758 Cornelii Taciti Annales, *Ingolstadii*, 1604. *in* 12.

1759 Les Annales de Tacite, avec les notes de M. Amelot de la Houssaye, *Paris.* 1724. 4 *vol. in* 12.

1760 Suetonius cum notis Variorum, *Lugd. Bat.* 1651. *in* 8.

1761 Histoire Romaine des PP. Catrou & Rouillé, *Paris*, 1725, 20 *vol. in* 4. *fig.*

1762 Romanorum Imperatorum Pinacotheca, Lab. Smids. *Amst.* 1699. *in* 4. *br.*

1763 Hist. des Revolutions de la République Romaine par l'Abbé de Vertot, *Paris.* 1719. 3 *vol. in* 12.

1764 Considérations sur les causes de la grandeur des Romains & de leur décadence, *Amst.* 1735. *in* 12.

1765 Dissertation sur l'incertitude des cinq premiers siécles de l'Histoire Romaine, par L. D. B. *Utr.* 1738. *in* 12.

1766 Memoires de la Cour d'Auguste de Blackwell, *Paris.* 1754. *in* 12.

Histoire de l'Empire d'Occident.

1767 Cluverii Germania antiqua. *Lugd. Bat.* 1631. *in fol.*

1768 Sigonius de Imperio Occidentali. *Hannoviæ*, 1618. *in fol.*

1769 Essai critique sur l'établissement de l'Empire d'Occident par l'Abbé Guyon, *Paris*, 1752. *in* 8.

1770 Freheri Rerum Germanicarum scriptores, *Argentor.* 1717. 3 *vol. in fol.*

1771 Hist. de l'Empire de Heiss, *Paris.* 1684. 2 *vol. in* 4.

1772 La Vie & les Actions de l'Empereur Charles V. *Amst.* 1704. 2 *vol. in* 12.

1773 Vie de l'Empereur Charles-Quint, par Leti, *Brux.* 1710. 4 *vol. in* 12.

1774 Relation de l'Inauguration de Charles VI. celebrée à Gand en 1717. *Gand,* 1719. *in fol.*

1775 Les Vies des Electeurs de Brandebourg, par Teiſſier, *Berlin,* 1707. *in fol.*

1776 Memoire pour ſervir à l'Hiſt. de la Maiſon de Brandebourg, *Berlin,* 1751. *in* 4. *fig.*

1777 Manifeſte de S. A. E. de Baviere, 1705. *in* 12.

1778 Hiſt. du Prince Eugene de Savoye, *Amſt.* 1740. 5 *vol. in* 12. *fig.*

1779 Traité hiſtorique & politique du Droit d'Allemagne, par le Cocq de Villeroy, Paris, 1748. *in* 4.

Hiſtoire d'Italie.

1780 Sigonius de Regno Italiæ, *Hann.* 1613. *in fol.*

1781 Les Délices de l'Italie, *Leyde,* 1709. 4 *vol. in* 12. *fig.*

1782 Hiſt. d'Alexandre Farneze, Duc de Parme, *Amſt.* 1692. *in* 12.

1783 Etat des Duchés de Florence, Modene, Mantoue & Parme, *Utr.* 1711. *in* 12.

1784 Hiſt. de Veniſe par M. de la Houſſaye, *Amſt.* 1714. 3 *vol. in* 12. *fig.*

1785 Hiſt. de la République de Genes, par le Chevalier de Mailly, *Amſt.* 1697. 3 *vol. in* 12.

1786 Chronique de Savoye de Paradin, *Lyon,* 1602. *in fol.*

17S7 Del Funerali di Car. Emanuele fecundo, *in Torino,* *in fol. fig.*

1788 Hift. des Princes & Principauté d'Orange, par de la Pife , *la Haye,* 1638. *in fol. fig.*

1789 Hift. de la Ville & Principauté d'Orange par le P. de Sifteron, *Avignon ,* 1741. *in*-4.

1790 La République des Suiffes par Smicler, *Paris.* 1578. *in* 8.

Hiftoire générale de France.

1791 Hift. des Celtes par Pelletier , *Paris,* 1741. 2 *vol. in* 12.

1792 Eclairciffement fur l'Ancienne Gaüle, par M. d'Anville, *Paris,* 1741. *in* 12.

1793 La Religion des Gaulois par D. B. Benedictin, *Paris ,* 1727. 2 *vol. in* 4.*fig.*

1794 Defcription de la France par l'Abbé de Longerue, *Paris.* 1722. *in fol.*

1795 Le Royaume de France par M. Doify , *Paris.* 1753. *in* 4.

1796 Etat de la France par M. le Comte de Boulainvilliers, *Lond.* 1727. 3 *vol. in fol.*

1797 Dictionnaire de la France, *Paris.* 1726. 3 *vol. en* 1. *in fol.*

1798 Gallia Chriftiana Opera, & ftudio Monachorum ordinis Sancti Benedicti, tom. 9 & 10. *Paris.* 1751. 2 *vol. in fol.*

1799 Les Monumens de la Monarchie Fran-
çoife, par D. B. de Montfaucon, *Paris*,
1729. *5 vol. in fol. id. br. fig.*

1800 Hift. critique de la Monarchie Françoife
dans les Gaules , par Dubos, *Paris*, 1742.
2 vol. in 4.

1801 Annales de la Monarchie Françoife par
de Limiers, *Amft.* 1724. *3 vol. en un. in-
fol. fig.*

1802 Gregorii Turonenfis Hiftoria , *Parif.*
1610. *in 8.*

1803 Aimonius Monachus de rebus geftis
Francorum, *Parif.* 1514. *in fol.*

1804 Aimonius Monachus de rebus geftis
Francorum & Chronicon Caffinenfe, *Parif.*
1603. *in fol.*

1805 Chronique de l'Hift. de France, *got. Paris.*
1518. *4 vol. in fol.*

1806 Chronique de Froiffard, *3 liv. en un
vol. Paris*, 1574. *in fol.*

1807 Recueil des Rois de France , leur Cou-
ronne & Maifon, par du Tillet, *Paris.* 1618.
in 4. fig.

1808 Hiftoire de France par de Mezeray,
Paris, Guillemot, 1646. *3 vol. in fol.*

1809 Abrégé méthodique de l'Hiftoire de Fran-
ce par de Brianville, *Paris.* 1669. *in 12.*

1810 Hift. de France par de Brianville, *Paris*,
1675. *in 12.*

1811 Hift. de France du P. Daniel, *Paris.* 1722.
7 vol. in 4.

1812 Hift. de France du P. Daniel, *Paris.* 1755.
10 vol. in 4. avec la Soufcription.

1813 Hift. de France par le Gendre, *Paris*, 1718. 3 *vol. in fol.*

1814 Abrégé de l'Hift. de France par M. de Boulainvilliers, & Memoires préfentés à M. le Duc d'Orleans, *la Haye*, 1733. 4 *vol. in-*12.

1815 Hiftoire de France de Chaalons, *Paris*, 1734. 3 *vol. in* 12.

1816 Abrégé chronologique de l'Hift. de France, par M. le Prefident Haynault, *Paris*, 1749. *in* 4.

1817 Hiftoire de France par M. l'Abbé Velly, *Paris*. 1755. 2 *vol. in* 12.

1818 Hiftoire du Regne de Charlemagne par M. de Bruere, *Paris*. 1745. 2 *vol. en un. in-*12.

1819 Hiftoire de S. Louis par le Sire de Joinville, donné par MM. du Frefne & Ducange, *Paris*. 1668. *in fol.*

1820 Memoires de Philippes de Commines, par M. Godefroy, *Brux.* 1723. 5 *vol. in-*8.

1821 Hift. de Louis XI. par Varillas, *Paris*, 1689, 2 *vol. in* 4.

1822 Memoires de Caftelnau, par M. le Laboureur, *Brux.* 1731. 3 *vol. in fol.*

1823 Hift. de Charles VI. par M. le Laboureur. *Paris*, 1663. 2 *vol. in fol.*

1824 Hift. de Charles VI. par Godefroy, *Paris*, 1653. *in fol.*

1825 Journal de Paris fous les Regnes de Charles VI. & de Charles VII. *Paris*. 1729. *in* 4. *double.*

1826 Hist. de Louis XII. par M. de Varillas, *Paris*, 1688. *6 vol. in* 12.

1827 Lettres de Louis XII. & du Card. d'Amboise, *Brux.* 1712. 4 *vol. in* 12.

1828 La Vie du Card. d'Amboise par le Gendre, *Rouen*, 1724. 2 *vol. in* 12.

1829 Le Siege de Metz par l'Empereur Charles V. en 1552. *Metz*, 1665. *in* 4.

1830 Les Memoires de Martin & Guillaume du Bellay, *Paris*. 1569. *in fol.*

1831 Memoires de Martin & Guillaume du Bellay-Langei, par M. Lambert, *Paris*, 1753. 7 *vol. in* 12.

1832 Memoires du Chancelier de Lhopital, *Col.* 1672. *in* 12.

1833 Journal de Henry III. *Col.* 1663. *in* 12.

1834 La Satyre Menippée, *Ratif.* 1709. 3 *vol. in* 8. *fig.*

1835 Lettres du Card. d'Ossat, avec les notes de M. Amelot de la Houssaye, *Amst.* 1714. 5 *vol. in* 12.

1836 Memoires de M. de Sully, *Amst.* 1725. 12 *vol. in* 12.

1837 Hist. de la Mere & du Fils par Mezeray, *Amst.* 1730. 2 *vol. in* 12.

1838 Les Oeuvres de Saint Germain, *in fol.*

1839 Labardeus de Rebus Gallicis, *Parif.* 1671. *in* 4.

1840 Entrée de Marie de Medicis dans Amsterdam, *Amst.* 1738. *in fol.*

1841 Les Triomphes de Louis XIII. par Valdor, *Paris*, 1649. *in fol. fig.*

1842

1842 Le Mars François, ou la Guerre de France, 1637. *in* 12.

1843 Journal du Cardinal de Richelieu, 1648. *in* 12.

1844 Testament du Card. de Richelieu, *Amst.* 1688. *in* 12.

1845 Hist. du tems ou récit de ce qui s'est passé dans le Parlement, depuis le mois d'Août 1647 jusqu'en Novembre 1648. 1649. *in* 8.

1846 Memoires historiques de Mezeray. *Amst.* 1753. 2 *vol. en un in* 12.

1847 Hist. de Louis XIV. par de Limiers, *Amst.* 1720. 3 *vol. in* 4.

1848 Hist. du Vicomte de Turenne par l'Abbé Raguenet, *la Haye*, 1738. 2 *vol. in* 12.

1849 La Monarchie universelle de Louis XIV. par Leti, *Amst.* 1701. 2 *vol. in* 12.

1850 Testament politique de M. de Louvois, *Col.* 1695. *in* 12.

1851 Memoires de M. Talon, *la Haye*, 1732. 8 *vol. in* 12.

1852 Apologie du Card. de Bouillon, *Col.* 1706. *in* 12.

1853 Memoires de la Régence de M. le Duc d'Orleans, *la Haye*, 1729. 3 *vol. in* 12.

1854 La Prise de Madras, *Londres*, 1750. *in* 8.

Histoire particuliere des Provinces & Villes de la France.

1855 Antiquité de Paris par Dubreuil, *Paris*, 1612, *in* 4.

1856 Defcription de la Ville de Paris par Germain Brice, *Paris.* 1725. 4 *vol. in* 12.

1857 Defcription de Paris, Verfailles, &c. par Piganiol de la Force, *Paris,* 1742. 8 *vol. in-* 12.

1858 Voyage Pictorefque de Paris, *Paris,* 1749. *idem,* 1752. *in* 12.

1859 Antiquités de Paris, par Sauval, *Paris,* 1724. 3 *vol. in fol.*

1860 Hift. de la Ville de Paris par les PP. Felibien & Lobineau, *Paris,* 1725. 5 *vol. in-fol.*

1861 Annales de Paris par le P. Dupleffis, *Par.* 1753. *in* 4.

1862 Hiftoria Ecclefiæ Parifienfis auctore Dubois, *Parif.* 1690. 2 *vol. in fol.*

1863 Hiftoire de l'Abbaye de S. Germain des Prés par Dom Bouillard, *Paris,* 1724. *in-fol. fig.*

1864 Hiftoire de l'Abbaye de S. Denis par D. Felibien, *Paris,* 1706. *in fol. fig.*

1865 Hift. de l'Eglife de Meaux, par D. Touffaint Dupleffis, *Paris,* 1731. 2 *vol. in-* 4.

1866 Hiftoire de l'Abbaye de Notre-Dame de Soiffons, par Michel Germain, *Paris,* 1675. *in* 4.

1867 Notice de Province d'Artois, *Paris,* 1748. *in* 12.

1868 Hiftoire des Comtes de Ponthieu & Mayeurs d'Abbeville, *Paris,* 1657. *in-fol.*

1869 Chronicum Cameracenfe & Atrebaten-
fe cum notis Colvenerii, *Duaci*, 1615. *in-*
8.

1870 Hift. de Cambray & du Cambrefis, par
Carpentier, *Leyde*, 1664, 2. *vol. in-*
4.

1871 Hiftoire du Hainault par le Pere de
Lewarde, *Mons*, 1718. *& fuiv.* 6 *vol. in-*
8.

1872 Hiftoire de la Ville & des Seigneurs de
Coucy, par Dom Touffaint Dupleffis, *Paris*,
1728. *in* 4.

1873 Forma Reipublicæ Argentoratenfis à
Berneggero, *Argentorati*, 1673. *in* 8.

1874 Hift. de Lorraine par D. Calmet. *Nancy*,
1745. 4 *vol. in fol.*

1875 Portraits des Ducs & Rois d'Auftra-
fie, par Guibaudet, *Efpinal*, 1617. *in-*
4.

1876 Confidérations hiftoriques fur la Maifon
de Lorraine, par Chantereau le Fevre. *Paris*,
1642. *in fol.*

1877 Loyens de Ducibus Lotharingiæ Bra-
bantiæ & Limbugii, *Bruxellis*. 1672.
*in-*4. *fig.*

1878 Defcription de la Haute-Normandie. *Paris*,
1740. 2 *vol. in* 4.

1879 Hift. de Bretagne par d'Argentré, *Paris*,
1618. *in fol.*

1880 Hift. de Bretagne par D. Lobineau, *Paris*,
1707. 2 *vol. in fol. fig.*

1881 Hift. généalogique de plufieurs Maifons de Bretagne, par du Paz, *Paris*, 1619, *in-fol.*

1882 Hift. de Bearn par de Marca, *Paris*, 1640. *in fol.*

1.83 Memoire pour fervir à l'Hiftoire de Languedoc, par M. de Bafville, *Amft.* 1734. *in-12.*

1884 Hift. générale du Languedoc par les PP. de Vic & Vaiffette, *Paris*, 1730, *& fuiv.* 5 *vol. in fol.*

1885 Hift. des Comtes de Tholofe par Catel, *Tholofe*, 1623. *in fol.*

1886 Annales de la Ville de Touloufe par de la Faille, *Touloufe*, 1687. 2 *vol. in fol.*

1887 Hift. de Dauphiné, *Geneve*, 1722. 2 *vol. in fol.*

1888 Hift. des Comtes de Provence par de Ruffi, *Aix*, 1655. *in fol.*

1889 Hift. de la Souveraineté de Dombe par M. de Neuveéglife, *Thoifey*, 1696. *in-fol.*

1890 Antiquités de Nifmes par Jean Poldo d'Albenas, *Lyon*, 1560. *in fol. fig.*

1891 Origine de la Ville de Clermont par Savaron, *Paris.* 1662. *in fol.*

Traités concernant l'Hiftoire de France.

1892 Hiftoire des Révolutions de France par de la Hode, *la Haye*, 1738. 4. *vol. in-12.*

1893 Hiftoire de l'Edit de Nantes par Bernard Delf, 1693. 5 *vol. in* 4.

1894 Les Oeuvres d'Etienne & de Nicolas Pafquier, *Amft.* (*Trevoux*) 1723. 2 *vol. in- fol.*

1895 Antiquités de la Maifon de France par le Gendre, *Paris*, 1739. *in* 4.

1896 Traité de la Souveraineté du Roy par Savaron, *Paris*, 1615. *in* 8.

1897 Traité de la Majorité de nos Rois & des Régences du Royaume, par Dupuy, *Paris*, 1655. *in* 4.

1898 La Recherche des Droits du Roy par de Caffan, *Paris*, 1632. *in* 4.

1899 Traité des Droits du Roy par M. Dupuy, *Rouen*, 1670. *in fol.*

1900 Des juftes Prétentions du Roy fur l'Empire, par Aubery, *Paris*, 1667. *in* 4.

1901 Dialogue fur les Droits de la Reine Très-Chrétienne, *Paris*, 1667. *in-*12.

1902 La Vérité défendue du Sophifme de la France aux Prétentions du Roy Très-Chrétien, fur les Etats du Roy Catholique. 1668. *in* 12.

1903 Abrégé Chronologique de l'état actuel de la Maifon du Roy, par Lamoral de Neuville, *Liege*, 1734. 2 *vol. in* 4.

1904 Hift. de la Chancellerie, par Theffereau, *Paris*, 1710. 2 *vol. in fol.*

1905 Hift. du Confeil du Roy, par Guillard, *Paris*, 1718. *in* 4.

1906 Les Parlemens de France par de la Rocheflavin, *Geneve*, 1621. *in* 4.

1907 Hist. de la Pairie de France & du Parlement de Paris, par **M. D. B.** *Lond.* 1740. *in* 12.

1908 Recueil des pieces touchant l'Affaire des Princes légitimes & légitimés , *Rot.* 1717. 4 *vol. in* 12.

1909 Recueil de pieces fugitives concernant l'Affaire des Princes. 1726. *in* 8.

1910 Le Ceremonial de France par Theodore Godefroy , *Paris.* 1619. *in* 4.

1911 Le Cérémonial François par Godefroy , *Paris.* 1649. 2 *vol. in fol.*

1912 Essais sur la Noblesse de France par **M.** de Boulainvilliers , *Amst.* 1732. *in* 12.

1913 Catalogue des Connétables, Chanceliers, Grands-Maîtres, Amiraux & Maréchaux, & des Prevôts de Paris, par Jean le Feron , *Paris.* 1598. *in fol.*

1914 Hist. des Ministres d'Etat , *Paris.* 1642. *in fol. gr. p.*

1915 Hist. de Sablé par Menage, *Paris.* 1683. *in fol.*

1916 Catalogue des Rôles Gascons, Normands & François , *Lond.* 1743. 2 *vol. in fol.*

1917 Dictionnaire des Postes par **M.** Guyot , *Paris ,* 1754. *in* 4.

Histoire des Pays-Bas, Flandres , Hollande , &c.

1918 Les Délices des Pays-Bas, *Brux.* 1711. 3 *vol. in* 8. *fig.*

1919 Les Délices de la Hollande, *Amſt.* 1697, *in* 12.

1920 Etat préſent des Républiques des Provinces Unies par Janiçon, *la Haye,* 1739. 2 *vol. in* 12.

1921 Batavia ſacra, *Bruxellis,* 1714. *in fol. fig.*

1922 Sacra Belgii Chronologia ſtudii de Caſtillion, *Gandavi,* 1719. *in* 12.

1923 Chronique de Flandres par Sauvage. — Les Memoires d'Olivier de la Marche, *Lyon,* 1562. *in fol.*

1924 Recherche des Antiquités & Nobleſſes de Flandres par de l'Eſpinoy, *Douay,* 1632. *in fol. fig.*

1925 Chronique d'Hollande & de Flandres, par le Petit, *Dordrek,* 1601. 2 *vol. in fol.*

1926 Locrii Chronicum Belgicum. *Atrebati,* 1616. *in* 4.

1927 Hiſt. des Pays-Bas par de Meteren, *la Haye,* 1618. *in fol. fig.*

1928 Annales & Hiſt. des Pays-Bas par Grotius, *Amſt.* 1662. *in fol.*

1929 Hiſt. des Provinces Unies par M. le Clerc, *Amſt.* 1728. 4 *vol. in fol. fig.*

1930 Hiſt. Métallique de la République de Hollande, par Biſot, *Amſt.* 1688. 3 *vol. in* 8. *fig.*

1931 Hiſt. Métallique des Pays-Bas, trad. par M. de Vanneloone, *La Haye,* 1732. 5 *vol. in fol. fig.*

1932 Sanderi Chorographia ſacra Brabantiæ, *Hagæ-Comit.* 1726. 3 *vol. in fol.*

1933 Trophées de Brabant par Butkens, *La Haye*, 1724. 4 *vol. in fol. fig.*

1934 Hift. Ecclefiaftica Ducatus Geldriæ authore Joann. Knippenbergh, *Col. Agrip.* 1719. *in* 4.

1935 Pontani Hiftoria Gelrica, *Amft.* 1639. *in fol.*

1936 Avis fidéle aux veritables Hollandois, touchant ce qui s'eft paffé dans les Villages de Bodegrave, &c. 1673. *in* 4.

1637 Annales Cluviæ Juliæ, &c. aut. Tefchemacher, *Arnhemiæ*, 1638. *in fol.*

1938 Hift. de la Succeffion aux Duchés de Cléves, Berghs & Juilliers, par Rouffet, *Amft.* 1738. 2 *vol. in* 12.

1939 Hift. de la Succeffion aux Duchés de Cléves, Berghs & Juilliers, trad. de l'Anglois, *Amft.* 1739. *in* 12.

1940 Hiftoire de la Guerre des Pays-Bas, par Strada, trad. par du Ryer. *Brux.* 1727. 6 *vol. in* 12.

1941 Fifen, Hift. Ecclefiæ Leodienfis, *Leodii*, 1696. *in fol.*

1942 Hift. facra & profana Melchinienfis, *Hagæ-Comit.* 1725. 2 *vol. in fol. fig.*

1943 Hift. de la Ville & Province d'Utrecht, *Utrecht* 1713. *in-*12.

1944 Hift. de la Ville de Mons, par Gil. Jof. de Boffu. *Mons*, 1725. *in* 4.

1945 Journal du Siege de Namur, *Paris*, 1692. *in fol.*

1946 Auberti Miræi Opera Diplomatica & Hiftorica. *Brux.* 1723. 3 *vol. in fol.*

Hiftoire

Histoire des Provinces Septentrionales.

1947 Bonfinii Res Ungaricæ, *Hann.*1706. *in-fol.*

1948 Etat du Royaume de Dannemark en 1692. *Amst.* 1695. *in* 12.

1949 Histoire de Suede par M. de Puffendorf, *Amst.* 1732. 3 *vol. in* 12.

1950 Révolutions de Suede par M. l'Abbé de Vertot, *Paris.* 1730. 2 *vol. in* 12.

1951 Histoire de Charles XII. par Voltaire, *Basle*, 1732. *in* 12.

1952 Histoire Militaire de Charles XII par Gustave Adlafeld, *Amst.* 1740. 4 *vol. in-* 12.

1953 Memoire du Regne de Pierre le Grand Empereur de Russie, par B. Iwan Neftesu- ranoi, *Amst.* 1711. 5 *vol. in* 12.

1954 Nouveau Memoire de la Moscovie, de-puis 1714. jusqu'en 1720. *Paris.* 1725. 2 *vol. in* 12.

1955 Relation du Groenland, *Paris.* 1647. *in-* 8. *fig.*

Histoire d'Angleterre, d'Espagne & de Portugal.

1956 Les Délices de l'Angleterre & d'Ir-lande, *Leyde*, 1707. 9 *vol. in* 12. *fig.*

1957 Histoire d'Angleterre, d'Ecosse & d'Ir-lande, par Duchefne, *Paris*, 1614. *in-fol.*

T

1958 Remarques sur l'Histoire d'Angleterre, par Tindal, *la Haye*, 1733. 2 *vol. in* 4.

1959 Extraits des Actes de Rymer par Rapin Thoiras, *Amst.* 1728. *in* 4.

1960 Histoire de Marie Stuard, *Lond.* 1725. 2 *vol. in fol.*

1961 Histoire de la Réformation de l'Eglise d'Angleterre, trad. de Burnet par de Rosmont, *Geneve*, 1693. 4 *vol. in* 12.

1962 Histoire de Jacques II. Roi de la Grande-Bretagne, *Brux.* 1740. *in* 12. *double.*

1963 Hist. des dernieres Révolutions d'Angleterre, par Burnet, *la Haye*, 1727. 7 *vol. in*-12.

1964 Lettres de Filtz-Moris, trad. par de Garneset, *Roterd.* 1718. *in* 12. *fig.*

1965 Lettres & Négociations de M. Vanhoey, *Lond.* 1743. *in* 12.

1966 Les Délices de l'Espagne & du Portugal, *Leyde*, 1715. 6 *vol. manque le 3. in* 12. *fig.*

1967 Hist. de la Conquête d'Espagne par les Maures, *Paris.* 1708 *in*-12.

1968 Philippus Prudens, *Ant.* 1639. *in fol. fig.*

1969 Hist. de Portugal par de la Clede, *Paris*, 1705. 8 *vol. in* 12.

1970 L'Ambassade de D. Garcias de Silva Figueroa, trad. de l'Espagnol par Wicquefort, *Paris.* 1667. *in* 4.

1971 Viages del Rey Philippe V. *en Madrid*, 1704. *in fol. fig.*

1972 Testament politique du Card. Alberoni, *Lausanne*, 1753. *in* 12.

1973 Révolutions de Portugal par M. l'Abbé de Vertot. *Paris*, 1728. *in* 12.

Histoire de l'Afrique, l'Afie & l'Amerique.

1974 Defcription de l'Afrique par Dapper, *Amft.* 1686. *in fol. fig.*

1975 Hiftoire du Royaume d'Alger par Laugier de Taffy, *Amft.* 1727. *in-*12.

1976 Relation hiftorique d'Abiffinie du P. Lobo, trad. par M. le Grand, *Paris*, 1728. *in-*4. *fig.*

1977 Defcription de l'Egypte par Mayet, revû par l'Abbé le Maffelier, *Paris*, 1735. *in* 4. *fig.*

1978 Relation de l'Afrique Occidentale par P. Labatte, *Paris*, 1728. 5 *vol. in* 12. *fig.*

1979 Defcription géographique & hiftorique de la Morée, *Paris*, 1687. *in fol. fig.*

1980 Théatre de la Turquie par le Febvre, *Paris*, 1688. *in* 4.

1981 L'Etat Militaire de l'Empire Ottoman, par de Marfigli, *la Haye*, 1732. *in fol. fig.*

1982 Defcription de l'Archipel par Dapper, *Amft.* 1703. *in fol. fig.*

1983 Hift. des Révolutions de Perfe, *Paris*, 1742. 2 *vol. in* 12.

1984 Hift. de Thamas Kouli-Kan, *Paris*, 1742. *in* 12.

1985 Hift. de Timur-Bec, Empereur des Mogols, *Paris*, 1722. 4 *vol. in* 12.

1986 Athanazii Kircheri China Illuſtrata, *Amſt.* 1667. *in fol. fig.*

1987 Hiſt. de la Chine par le P. du Halde, *Paris*, 1735. 4 *vol. in fol. fig.*

1988 Portrait hiſtorique de l'Empereur de la Chine par le P. Bouvet, *Paris*, 1698. *in-* 12.

1989 Ambaſſade de la Compagnie des Indes à la Chine , *Leyde* , 1665. *in fol. fig.*

1990 Memoire de la Chine du P. le Comte , *Paris* , 1696. 3 *vol. in* 12, *fig.*

1991 Relation de la Perſecution de la Chine , trad. par le P. de S. Pierre Dominiquain, *in-* 12.

1992 Memoires des Miſſions des RR. PP. de la Compagnie de Jeſus au Levant, *Paris*, 1715. *in* 12.

1993 Conquête de la Chine par Brunem, *Lyon*, 1754. 2 *vol. in* 12.

1994 Ambaſſade de la Compagnie des Indes au Japon , *Amſt.* 1680. *in fol. fig.*

1995 Hiſt. de l'Empire du Japon par Kampfer, *la Haye* , 1729. 2 *vol. in fol. fig.*

1996 Hiſt. du Japon par le P. de Charlevoix, *Paris* , 1736 2 *vol. in* 4 *fig.*

1997 Joannis de Laet, Deſcriptio Americæ, *Lugd. Bat. Elzevir.* 1633. *in fol. fig.*

1998 Joann. de Laet, Deſcriptio Indiæ Occidentalis, *Lugd. Bat.* 1633. *in fol.*

1999 Hiſt. des Indes Occidentales par Corneille Wite Fliċt, Antoine Mogin & autres, *Douay* , 1611. *in fol-*

2000 Barlæi Brafiliæ Hiſtoria, 1647. *in fol. fig.
g. p.*

2001 Hiſt. des Yncas Rois du Perou, trad. de Garcillano de la Vega, *Amſt.* 1737. 2 *vol. in* 4. *fig.*

2002 Hiſt. de la Conquête du Perou, *Paris,* 1716. 2 *vol. in* 12. *fig.*

2003 Hiſt. des Conquêtes & Découvertes des Portugais dans le nouveau Monde, par le P. Lafiteau, *Paris,* 1733. 2 *vol. in* 4.

2004 Hiſt. de la Conquête du Mexique de Cortez, *Paris,* 1730. 2 *vol. in* 12. *fig.*

2005 Hiſt. de la Jamaique, trad. de l'Anglois, *Lond.* 1751. 2 *vol. in* 12.

2006 Hiſt. de la Nouvelle France du P. Charlevoix, *Paris,* 1744. *in* 12. *idem double, br. fig.*

2007 Hiſt. Générale de la Nouvelle France par le P. de Charlevoix, *Paris,* 1744. 3 *vol. in* 4. *fig.*

2008 L'Amerique Angloiſe, *Amſt.* 1688. *in* 12.

2009 Mœurs des Sauvages Americains par le P. Lafiteau, *Paris,* 1724. 2 *vol. in* 4. *fig.*

2010 Hiſt. naturelle des Iſles Antilles de l'Amerique, par de Rochefort, *Lyon,* 1667. 2 *vol. in* 12.

2011 Relation des Miſſions du Paraguay, trad. de Muratori, *Paris.* 1754. *in* 12.

2012 Hiſt. du Paraguay, par le P. Charlevoix, *Paris.* 1756. 3 *vol. in* 12. *fig.*

Antiquités Romaines & Médailles.

2013 Introduction à la connoissance des Antiquités Romaines par Vaslet, *la Haye*, 1723. *in* 12.

2014 L'Antiquité expliquée par D. Bernard de Montfaucon, *Paris*, 1719. *& suiv.* 15 *vol. in fol. g. p. fig.*

2815 Henric. de Sallingre, Thesaurus Antiquitatum Romanorum, *Hagæ-Comit.* 1716. 3 *vol. in fol. fig.*

2016 Jani Gruteri Corpus Inscriptionum cum annotationibus Joan. Georg. Grævii, *Amst.* 1607. 4 *vol. in fol. fig.*

2017 Coutumes & Cérémonies observées chez les Romains par de Nieupoort, *Paris*, 1741. *in*-12.

2018 Hist. des grands Chemins de l'Empire par Bergier, *Brux.* 1728. 2 *vol. in* 4 *fig.*

2019 Observations sur les Antiquités de la Ville de Herculanum, par MM. Cochin & Bellicart, *Paris.* 1754. *in* 12. *fig.*

2020 Ricquius de Capitolio Romano, *Lugd. Bat.* 1696. *in* 12.

2021 Pauvinius de Ludis Circensibus & Triumphis, *Patavii*, 1681. *in fol. fig.*

2022 Philip. Rubenii Electorum Libri 2. *Ant.* 1608. *in* 4.

2023 Ferrarius de re Vestiariâ, *Bat.* 1654. *in* 4. *fig.*

1024 Caroli Paschalii Coronæ, *Paris.* 1610. *in* 4.

2025 Servatii Dallæi Sibyllina Oracula, *Amst.* 1689. 2 *vol. in* 4.

2026 Difcorfo Sopra la Caftrametatione & Difciplina Militare de Romani, *in Lyone,* 1555. *in fol. fig.*

2027 Le Cabinet Romain, par de la Chauffe, *Amst.* 1706. *in fol. fig.*

2028 Gisberti Cuperi Obfervationes Libri tres, *Ultrajecti,* 1670. *in* 12. *br.*

2029 Origine des Poftes chez les Anciens & les Modernes, par Lequint de la Neufville, *Paris,* 1708. *in* 12.

2030 La Sciences des Médailles, *Paris,* 1739. 2 *vol. in* 12. *fig.*

2031 Harduinus de Nummis Herodiadum, *Parif.* 1693. *in* 4.

2032 Vaillant Numifmata Imperatorum, *Parif.* 1695. *in fol. fig.*

2033 Vaillant Numifmata Imperatorum Græcorum, *Amst.* 1700. *in fol. fig.*

2034 Anfelmi Banduri Numifmata Imperatorum Romarum, *Parif.* 1718. 2 *vol. in fol. fig.*

2035 Gotha Numaria, fiftens Thefauri Fredericiani Numifmata antiqua, auctore Liebe cum notis Morellii, *Amst.* 1730. *in fol. fig.*

Art Héraldique & Généalogies.

2036 Traité de la Noblesse par de la Roque, *Paris,* 1678. *in* 4.

2037 Le Théatre d'Honneur & de Chevalerie par André Favyn, *Paris,* 1620. 2 *vol. in* 4.

2038 Le Théatre d'Honneur & de Chevalerie par de la Colombiere, *Paris*, 1648. *2 vol. in fol. fig.*

2039 La Science héroïque du Blazon par de la Colombiere, *Paris*, 1644. *in fol.*

2040 Differtations hiftoriques & critiques fur la Chevalerie ancienne & moderne par le R. P. Honoré de Sainte-Marie, *Paris*, 1718. *in 4. double.*

2041 Alliances généalogiques des Rois de France, par Paradin, *Lyon*, 1561. *in-fol.*

2042 Hift. généalogique de la Maifon de France & Grands Officiers de la Couronne, par les PP. Ange & Simplicien, *Paris*, 1726. *9 vol. in fol.*

2043 Hift. généalogique de la Maifon de Chatillon, par Duchefne, *Paris*, 1621. *in-fol.*

2044 Hift. généalogique de la Maifon de Montmorency, par Duchefne, *Paris*, 1624. *in-fol.*

2045 Hift. généalogique de la Maifon de Dreux, par Duchefne, *Paris*, 1631. *in-fol.*

2046 Hift. généalogique de la Maifon de Chaftaigniers, par Duchefne, *Paris*, 1634. *in-fol.*

2047 Hift. généalogique de la Maifon de Bethune, par Duchefne, *Paris*, 1639. *in-fol.*

2048 Hift. de la Maifon d'Auvergne, par Baluze, *Paris*, 1708. *2 vol. in fol. fig.*

2049

2049 Hift. de la Nobleffe du Brabant, par de Hemricourt, *Bruxelles,* 1673. *in fol. fig.*

2050 Recueil Heraldique des Bourg - Meftres de Liege , par Loyens, *Liege ,* 1720. *in-fol.*

Vies des Hommes Illuftres.

2051 Vie de Mecenas par M. Richer, *Paris,* 1746. *in-*12.

2052 Les Vies des Hommes Illuftres de Plutarque, trad. par Amiot, 1587. 2 *vol. in-*8.

2053 Hiftoire des Quatre Cicerons, *Paris,* 1714. *in* 12.

2054 Hiftoire de Conftantin, par le P. de Varennes, *Paris,* 1728. *in* 4.

2055 Les Oeuvres de Brantome, *la Haye,* 1740. 15 *vol. in* 12.

2056 Réfléxions fur les Grands Hommes qui font morts en plaifantant, *Amft.* 1732. *in* 12.

2057 Hiftoire des plus Illuftres Favoris Anciens & Modernes, par D. P. P. *Leyde,* 1659. *in* 12.

2058 Hiftoire de Gilles de Chyn, Seigneur de Berlaimont, *Mff. en Vers, in fol.*

2059 Hiftoire du Chevalier Bayart, par Theodore Godefroy, *Paris,* 1619. *in* 4.

2060 Hiftoire de Georges Caftriot, par Jacq. de Laverdin, *Paris.* 1621. *in* 4.

2061 Hiftoire d'Aubuffon par le P. Bouhours, *Paris,* 1676. *in* 4.

2062 Histoire de Mad. Henriette d'Angleterre, par Mad. de la Fayette, *Amst.* 1742. *in* 12. *br.* Id. *relié.*

2063 Hist. de Pierre de Montmaur, par M. de Sallengre, *la Haye,* 1715. 2 *vol. in* 8. *fig.*

2064 Histoire de Henry Duc de Bouillon, par M. Marsollier, *Paris.* 1719. *in* 4.

2065 Histoire de Brienne, *Paris,* 1727. *in* 12.

2066 Histoire du Comte de Saxe, *Mittaw,* 1752. 3 *vol. in* 12.

2067 Histoire de Genghizcan, par Petis de la Croix, *Paris,* 1710. *in* 12.

2068 La Vie & les Avantures de Robinson, *Amst.* 1722. 3 *vol. in* 12.

Vies des Sçavans, & Histoire Litteraire.

2069 Jugemens des Sçavans par Baillet, *Paris,* 1722. 7 *vol. in* 4.

2070 Memoires pour servir à l'Hist. des Hommes Illustres par le P. Niceron, *Paris,* 1727, *& suiv.* 43 *vol. in* 12.

2071 Memoires pour servir à l'Hist. des Hommes Illustres, par le P. Niceron, *Paris,* 1745. *tom.* 43.

2072 Essais sur les Honneurs & sur les Monumens accordés aux Sçavans, par Titon du Tillet, *Paris,* 1734. *in* 12.

2073 La Vie des Jurisconsultes, par Taisand, *Paris,* 1721. *in* 4.

2074 Histoire des Peintres, Sculpteurs & A.

chirectes Espagnols, trad. de D. Antonio Palamino Valasco, *Paris*, 1749. *in* 12.

1075 Vies des Peintres, par Felibien,*Trevoux*, 1725. *6 vol. in* 12.

2076 Hist. de l'Académie, par Mrs. Pelisson & Dolivet, *Paris*. 1743. *2 vol. in* 12.

2077 La Vie de M. Descartes, par M. Baillet, *Paris*, 1691. *in* 4.

2078 L'Eloge de M. le Clerc, par M. de Val-lemont, *Paris*, 1715. *in* 12.

2079 Valerii Andreæ Bibliotheca Belgica, *Lovanii*, 1643. *in* 4.

2080 Acta Eruditorum, *Lipsiæ*, 1615. *in* 4.

2081 Catalogus Librorum Bibliothecæ publi-cæ Universitatis Lugduno-Batavæ, *Lugduni*, 1716. *in fol*

2082 Catalogue des Livres imprimés de la Bibliotheque du Roy, *Paris*, 1739. *3 vol. in fol.*

2083 Catalogus Manuscriptorum Bibliothecæ Regiæ, *Paris*. 1739. *in fol.*

2084 Bibliotheca Thuana, *Paris*. 1679. *2 vol. in* 8.

2085 Bibliotheca Colbertina, *Paris*. 1728. *3 vol. in* 12.

2086 Catalogue des Livres de M. le Maréchal d'Estrées, *Paris*, 1740. *2 vol. in* 8.

2087 Catalogue des Livres de M. de Gode-froy, *Paris*, 1745. *in* 8. *br.*

1088 Catalogue des Livres du Cabinet de M. de Boze, *Paris*, 1753. — Catalogue des Livres de M. Bonneau, *Paris*, 1754 *in* 8.

2089 Catalogue des Livres de Mrs. Sidobre, de la Haye & de Gravelle, *Paris*, 1752. *in* 8.

2090 Catalogue des Livres de M. l'Abbé De-
lan, *Paris*, 1755. *in* 8.
2091 Lettres & Memoires du Baron de Pol-
nitz, *Lond.* 1741. 5 *vol. in* 12.

Divers Ouvrages concernant l'Histoire.

2092 Conjuration de Rienzy, par le P. du Cer-
ceau, *Paris*, 1733. *in* 12.
2093 Athanasii Kircheri Sphinx Mystagoga de
Mumiis, *Amst.* 1676. *in fol. fig.*
2094 Athanasii Kircheri Turris Babel, *Amst.*
1679. *in fol. fig.*
2096 Traité Diplomatique, *Paris*, 1750. *& suiv.*
2 *vol. in* 4. *avec la Souscription.*
2097 Vetera Analecta, *Parif.* 1723. *in fol.*
2098 Delectus Actorum Ecclesiæ universalis,
Lugd. 1706. 2 *vol. in fol.*
2099 Dictionarium historicum ac poeticum,
Lugd. 1581. *in* 4.
2100 Dictionaire historique de Mezeray, avec
les deux Supplémens de M. l'Abbé Gouget,
Paris. 1725. *& suiv.* 10 *vol. in fol.*
2101 Dictionnaire de Bayle, *Amst.* (*Trevoux*)
1734. 5 *vol. in fol.*

F I N.

La Vente des Livres de feu M. Potier, ancien Avocat au Parlement, commencera le Jeudi 3 Février 1757, & sera continuée les jours suivans, depuis deux heures de relevée jusqu'au soir, en sa Maison, rue Gist-le-Cœur.

Les Livres seront exposés dans l'ordre qui suit.

LE JEUDI 3 Février 1757.

Théologie, pag. 1 du Catal. depuis le N. 1 jusqu'au N. 5 incluf.

Jurisprud.	10	106	110
	18	219	224
	29	371	375
	38	499	5c9
	57	* 779	788
	76	1043	1052
Scien. & Arts,	96	1316	1321
Belles-Lett.	109	1476	1481
Histoire,	122	1644	1656

LE VENDREDI 4.

Théologie, pag. 2 du Catal. depuis le N. 6 jusqu'au N. 10 incluf.

Jurisprud.	10	111	115
	19	225	230
	29	376	380
	38	510	520
	58	789	798
	77	1053	1062
Scien. & Arts,	96	1322	1327
Belles-Lettr.	109	1482	14c7
Histoire,	123	1657	1669

LE SAMEDI 5.

Théologie, pag. 2 du Catal. depuis le N. 11 jusqu'au N. 15 incluf.

Jurisprud.	11	116	120
	19	231	236
	29	381	386
	39	* 520	530
	59	799	808
	78	1063	1072
Scien. & Arts,	97	1328	1333
Belles Lettr.	110	1488	1493
Histoire,	124	1670	1682

LE LUNDI 7 Février 1757.

Théologie, pag. 2 du Catal. depuis le N. 16 jusqu'au N. 19 incluf.

Jurifprud.	11	121	125
	20	237	242
	30	387	391
	40	531	541
	59	809	818
	78	1093	1082
Scien. & Arts,	97	1334	1339
Belles-Lettr.	110	1494	1499
Hiftoire,	125	1683	1696

LE MARDI 8.

Théologie, pag. 3 du Catal. depuis le N. 20 jusqu'au N. 24 incluf.

Jurifprud.	11	126	131
	20	243	248
	30	*391	396
	41	542	552
	60	819	828
	79	1083	1092
Scien. & Arts,	98	1340	1345
Belles-Lettr.	111	1500	1504
Hiftoire,	126	1697	1708

LE MERCREDI 9.

Théologie, pag. 3 du Catal. depuis le N. 25 jusqu'au N. 29 incluf.

Jurifprud.	12	132	136
	21	249	254
	30	397	401
	41	553	563
	61	829	838
	80	1093	1102
Scien. & Arts,	98	1346	1351
Belles-Lettr.	111	1505	1510
Hiftoire,	127	1709	1720

LE JEUDI 10.

Théologie, pag. 4 du Catal. depuis le N. 30 jusqu'au N. 34 incluf.

Jurifprud.	12	137	141
	21	255	260
	31	402	406
	42	564	574
	62	839	848
	80	1103	1112
Scien. & Arts,	99	1352	1357
Belles-Lettr.	111	1511	1516
Hiftoire,	128	1721	1723

LE VENDREDI 11 Février 1757.

Théologie, pag. 4 du Catal. depuis le N. 35 jusqu'au N. 39 incluf.

Jurifprud.	12	142	146
	21	255	260
	31	407	411
	43	575	585
	62	849	857
	80	1113	1122
Scien. & Arts,	99	1358	1362
Belles-Lettr.	112	1517	1522
Hiftoire,	129	1734	1747

LE SAMEDI 12.

Théologie, pag. 4 du Catal. depuis le N. 40 jufqu'au N. 45 incluf.

Jurifprud.	13	147	151
	22	261	266
	31	412	416
	44	586	596
	63	858	868
	82	1123	1132
Scien. & Arts,	100	1363	1368
Belles-Lettr.	112	1523	1528
Hiftoire,	130	1748	1759

LE LUNDI 14.

Théologie, pag. 5 du Catal. depuis le N. 46 jufqu'au N. 51 incluf.

Jurifprud.	13	152	156
	22	267	272
	32	417	421
	45	597	607
	64	869	879
	82	1133	1142
Scien. & Arts,	100	1369	1374
Belles-Lettr.	113	1529	1534
Hiftoire,	131	1760	1772

LE MARDI 15

Théologie, pag. 5 du Catal. depuis le N. 52 jufqu'au N. 56 incluf.

Jurifprud.	14	157	161
	23	273	278
	32	422	426
	45	608	618
	65	880	889
	83	1143	1153
Scien. & Arts,	101	1375	1380
Belles-Lettr.	113	1535	1540
Hiftoire,	132	1773	1785

LE MERCREDI 16 Février 1757.

Théologie, pag. 6 du Catal. depuis le N. 57 jufqu'au N. 60 incluf.
Jurifprud.	14	162	166
	23	279	283
	33	427	432
	46	619	629
	65	890	899
	84	1154	1163
Scien. & Arts,	101	1381	1387
Belles-Lettr.	113	1541	1548
Hiftoire,	133	1786	1798

LE JEUDI 17.

Théologie, pag. 6 du Catal. depuis le N. 61 jufqu'au N. 55 incluf.
Jurifprud.	14	167	171
	23	284	288
	33	433	438
	47	630	640
	66	900	910
	84	1164	1173
Scien. & Arts,	102	1388	1394
Belles-Lettr.	114	1549	1554
Hiftoire,	134	1799	1812

LE VENDREDI 18.

Théologie, pag. 6 du Catal. depuis le N. 66 jufqu'au N. 70 incluf.
Jurifprud.	15	172	176
	24	289	294
	33	439	444
	47	641	651
	67	911	921
	85	1174	1185
Scien. & Arts,	102	1395	1399
Belles-Lettr.	114	1555	1562
Hiftoire,	135	1813	1825

LE SAMEDI 19.

Théologie, pag. 7 du Catal. depuis le N. 71 jufqu'au N. 75 incluf.
Jurifprud.	15	177	182
	24	295	299
	34	445	451
	48	652	661
	68	922	931
	86	1186	1196
Scien. & Arts,	102	1400	1404
Belles-Lettr.	115	1563	1570
Hiftoire,	136	1826	1837

www.ingramcontent.com/pod-product-compliance
Ingram Content Group UK Ltd.
Pitfield, Milton Keynes, MK11 3LW, UK
UKHW020257180726
13839UKWH00001B/328